Liane Paradies • Hans Jürgen Linser • Johannes Greving

Diagnostizieren, Fordern und Fördern

Liane Paradies ist Gymnasiallehrerin für Mathematik und Geschichte. Sie arbeitet als freie Autorin, Trainerin und Moderatorin in der Lehreraus- und -fortbildung, ist an der Universität Oldenburg tätig und Autorin zahlreicher Veröffentlichungen zum Thema Unterrichtsmethoden.

Hans Jürgen Linser ist Realschullehrer für Kunst, Arbeit-Wirtschaft-Technik, Deutsch und Darstellendes Spiel. Er arbeitet an der Universität Oldenburg in der studentischen Ausbildung sowie in der Lehrerfortbildung und ist Autor von Veröffentlichungen zum Thema Unterrichtsmethoden.

Johannes Greving ist Gymnasiallehrer für Deutsch und Politik, an der Universität Oldenburg tätig und Autor zahlreicher Fachbücher.

Liane Paradies
Hans Jürgen Linser
Johannes Greving

Diagnostizieren, Fordern und Fördern

Die in diesem Werk angegebenen Internetadressen haben wir überprüft (Redaktions-
schluss Mai 2006). Dennoch können wir nicht ausschließen, dass unter einer solchen
Adresse inzwischen ein ganz anderer Inhalt angeboten wird. Deshalb empfehlen wir
Ihnen dringend, die Adressen vor der Nutzung im Unterricht selbst noch einmal zu
überprüfen.

www.cornelsen.de

Bibliografische Information: Die Deutsche Bibliothek verzeichnet diese Publikation in
der Deutschen Nationalbibliografie; detaillierte bibliografische Daten sind im Internet
über http://dnb.ddb.de abrufbar.

Dieser Band folgt den Regeln der deutschen Rechtschreibung,
die seit August 2006 gelten.

6.   5.   4.   3.   2.   Die letzten Ziffern bezeichnen
12   11   10   09   08   Zahl und Jahr der Auflage.

© 2007 Cornelsen Verlag Scriptor GmbH & Co. KG, Berlin
Redaktion: Marion Clausen, Göttingen
Herstellung: Brigitte Bredow, Berlin
Umschlagkonzept: Bauer + Möhring, Berlin unter Verwendung einer Zeichnung
von Klaus Puth, Mühlheim
Zeichnungen: Guido Wandrey, Hannover
Satz und Layout: Carola Fuchs, Berlin
Druck und Bindearbeiten: Clausen & Bosse, Leck
Printed in Germany
ISBN 978-3-589-22167-7

 Gedruckt auf säurefreiem Papier,
umweltschonend hergestellt aus chlorfrei gebleichten Faserstoffen.

Inhalt

1. Einleitung:
Auf der Bahn halten ...

Wir kommen aus dem Süden, auf dem Weg nach Hause und sind mal wieder spät dran. Fünf Stunden Fahrt haben ihre Spuren hinterlassen, der Tank ist fast leer und die Augen brennen. Mensch und Maschine brauchen eine Ruhepause, also rechts raus auf die Raststätte der Autobahn.

Bei Cappuccino und Wasser betrachten wir das lebhafte Geschehen auf der Autobahn: Einfädeln von der Standspur, Überholmanöver, Bremsen, Drängeln und Stehenbleiben auf der Standspur – wegen einer Panne.

Plötzlich erinnert uns das Ganze an Schule! Begriffe wie Lerntempo oder Förderunterricht fallen uns ein: Die mittlere Autobahnspur ist die „normale Bahn", mit einer vorgegebenen Mindestgeschwindigkeit und Richtung, schnellere Fahrer überholen auf der linken Spur, langsamere quälen sich rechts, einige schalten die Warnblinker an, müssen am Rand stehen bleiben. Sie werden abgeschleppt und dann von Spezialisten wieder „fit gemacht". Andere machen zwischendurch mal eine Pause, setzen aus und starten dann mit frischen Kräften erneut – und das alles spielt sich zwischen zwei Leitplanken ab.

Mein Gegenüber setzt die Kaffeetasse ab. „Leitplanken", sagt sie, „das ist ein gutes Bild für Schule und Erziehung. Sonst heißt es neuerdings immer ‚Grenzen setzen', aber Grenzen sind lästig, halten auf, stören – eine Leitplanke dagegen gibt Sicherheit, indem sie die Hauptrichtung vorgibt, und wenn etwas schiefgeht, fängt sie einen auf, verhindert Schlimmeres und bringt einen wieder auf den richtigen Weg. Schule und Lehrer, aber auch Eltern und Gesellschaft müssten für die Heranwachsenden die Leitplanken bilden, um sie so auf der Bahn zu halten und dafür zu sorgen, dass sie ihre Ziele erreichen können ..."

1.1 Vorbemerkung

„Der oberste Leitsatz von Schule muss sein, jedes Kind individuell zu fördern. Das werden wir in unser neues Schulgesetz schreiben. Jede Schule muss dazu ein Förderkonzept entwickeln. Ein ganz zentrales Element ist der individuelle Lernplan für jedes Kind. Wenn zum Halbjahreszeugnis absehbar ist, ein Schüler erreicht womöglich nicht das Ziel der Klasse, muss in diesem Lernplan genau definiert werden: Wo sind die Lücken? Wo sind die Schwächen? Was ist konkret zu tun? Dieser Lernplan ist ein Vertrag zwischen Lehrer, Eltern und Schüler. Er wird unterschrieben und überprüft." Die schleswig-holsteinische Bildungsministerin und Vorsitzende der Kultusministerkonferenz Ute Erdsiek-Rave im „Stern" vom 20.7.2006, S.52

Warum müssen Lehrer überhaupt diagnostizieren, fördern und fordern? Auf diese einfache Frage sind zwei sehr unterschiedliche Antworten möglich:

1. ... weil wir Lehrer dazu dienstlich verpflichtet sind (und in Zukunft noch deutlich mehr als bisher), es also in dieser Beziehung einen klaren Rechtsanspruch an uns gibt;

2. ... weil alle internationalen Schulvergleichsstudien eindeutig gezeigt haben, dass integrative Schulsysteme, in denen differenziert diagnostiziert und – darauf aufbauend – individuell gefördert und gefordert wird, unserem deutschen Schulsystem in vielen Beziehungen überlegen sind.

Wir sind der Überzeugung, dass diese neue Aufgabe, die uns Lehrern nun auch noch aufgebürdet wird, eine echte Chance für die notwendige Reform unserer „Leistungsschule" bietet und mittelfristig sogar zu unserer eigenen Entlastung und größeren Zufriedenheit führen wird.

Häufig ist nämlich nicht die Förderung der Schüler die Grundlage unterrichtlichen Handelns, sondern die Erfüllung bestimmter normierter Ansprüche, die vom Lehrer eingefordert werden. Fordern in diesem Sinne ist Funktion, Erfüllung einer Dienstpflicht, Feststellung einer vorgeschriebenen Zahl von Leistungsnachweisen, es bleibt eine Amtshandlung ohne wirkliche Berücksichtigung der zu unterrichtenden Schüler.

Ein Unterricht, in dem das bequeme Ermitteln von Ziffernnoten zum bestimmenden Prinzip geworden ist, verliert schnell den Schüler als Individuum aus den Augen. Auf diese Weise verhindert man eine Weiterentwicklung der Persönlichkeit in der Schule, der Schüler lernt nicht, was in ihm steckt und was er daraus machen könnte, sondern nur, was er im Augenblick gerade machen muss.

Der Dreischritt Diagnostizieren, Fördern und Fordern bedeutet in unseren Augen:

1. Diagnostizieren (eine Sache aus ihren Merkmalen heraus begründend erkennen und unterscheiden),
2. Fordern (verlangen, dass etwas oder jemand hervorkommt) und
3. Fördern (weiter nach vorne bringen).

Um dies zu erreichen, braucht man Motivation, Anschaulichkeit, Transparenz. Anders ausgedrückt heißt dies auch, sich als Lehrer selbst zu fordern und damit den Schülern ein Beispiel zu geben, wie man – von sich ausgehend – Leistung entwickeln kann.

Forderungen an die Schüler müssen immer auf ihren pädagogischen Sinn hin überprüft werden, also sollten sich die Themen, Texte oder Aufgabenstellungen in einer Schulaufgabe nicht an dem orientieren, was seit Jahren an dieser Schule zu diesem Zeitpunkt in einer bestimmten Jahrgangsstufe gestellt wird, sondern an dem, was sich aus der Interaktion im eigenen Unterricht – bei vergleichbarem Schwierigkeitsgrad versteht sich – ergibt. Ein solches Verfahren ist zwar zeitaufwändiger und fordert vom Lehrer mehr Engagement, bringt die Schüler andererseits aber wesentlich besser voran.

Auch Hausaufgabenstellungen verlieren ihren pädagogischen Wert, wenn sie nicht auf die Schüler zugeschnitten sind. Das hier Geforderte muss auch machbar sein, ohne zu über- oder unterfordern. Schematische Aufgabenstellungen und pauschal formulierte Aufforderungen oder Bemerkungen mit erzieherischer Absicht bergen stets die Gefahr, den Schüler als Individuum mit einer spezifisch entwickelten Persönlichkeit aus den Augen zu verlieren. „Was würde passieren, wenn der Lehrer an sich selbst die gleichen Forderungen stellte wie an den Schüler? Wahrscheinlich nicht sehr viel; er müsste feststellen, dass das Leben, das er – wenn nicht immer, so doch häufig – vom Schüler fordert, ein ziemlich langweiliges wäre, oder aber er lebt dieses Leben bereits." (Mönninghof 1992, S. 90)

Wer bereit ist, seine Schüler der Kategorie von Köpfen zuzuordnen, die – frei nach Macchiavelli – „das Rechte erkennen, wenn andere es ihnen darlegen", der sollte sich auch nicht scheuen, für eine gute Anleitung diesbezüglich Sorge zu tragen. Schopenhauer fordert hierbei wie in der Erziehung vor allem eine klare Begrifflichkeit, ohne die alle pädagogischen Bemühungen vergeblich seien. Zu denken gibt auch die Antwort des Antisthenes. Auf die Frage, was am notwendigsten zu erlernen sei, antwortete er: das Schlechte zu verlernen (Schopenhauer 1997, S. 682 ff.). Demnach wäre eines der wichtigsten erzieherischen Anliegen die Förderung der Schüler durch die Forderung, selbst zu denken, also zu lernen durch Anschauung in der Realität und durch Reflexion: „Die Gelehrten sind die, welche in den Büchern gelesen haben; die Denker, die Genies, die Wetterleuchter und Förderer des Menschengeschlechts sind aber die, welche unmittelbar im Buche der Welt gelesen haben" (ebd., S. 538).

1.2 Optimales Lernen mit individueller Passung

Die PISA-Studie hat unter anderem gezeigt, dass es in Deutschland eine im Vergleich zu anderen Ländern signifikant hohe Wechselwirkung zwischen Herkunftsmilieu und Schulerfolg gibt. Wer in Deutschland aus unteren Sozialschichten kommt, hat deutlich weniger Chancen auf einen höheren Bildungsabschluss. Die Studie hat eindeutig gezeigt, dass es in den Schulen kaum gelingt, Unterschiede sozialer Herkunft in den vor- und außerschulischen Erfahrungen der Schüler im täglichen Unterricht auszugleichen.

In einer Großstadt wie Hamburg sprechen in sozial schwachen Stadtteilen bis zu 95 Prozent der Vierjährigen kein oder nur wenig Deutsch und sind deshalb mit sechs Jahren noch nicht schulreif. Sie erreichen selten mehr als einen Hauptschulabschluss. In den Stadtvierteln, in denen die sozial gehobenen Schichten wohnen, besuchen dagegen mehr als 70 Prozent der Schüler ein Gymnasium.

Vom Deutschen PISA-Konsortium werden als „Schüler aus Risikogruppen" jene 15-Jährigen definiert, die die Kompetenzstufe 1 auf der Lesekompetenzskala nicht erreicht haben, sodass ihre Aussichten auf beruflichen Erfolg erheblich gefährdet sind (Deutsches PISA-Konsortium 2001, S. 117). Die Autoren stellen fest: „Insgesamt erreichen in Deutschland fast 10 Prozent der 15-Jährigen nicht die Kompetenzstufe 1." Die meisten dieser Schüler sind männlich und gehen zur Haupt- oder Förderschule. Viele haben einen Migrationshintergrund.

Es gibt kaum ein anderes Land unter den PISA-Vergleichsländern, in dem die soziale Kopplung, also die Abhängigkeit des Schulerfolgs von der sozialen Herkunft, so hoch ist wie in Deutschland (Deutsches PISA-Konsortium 2001, S. 379–407).

- Jeder zehnte Jugendliche verlässt in Deutschland die Schule ohne Abschluss.
- Sitzenbleiben, Zurückstellen und Aussortieren nach „Begabung" erbringt keine Leistungsvorteile und damit auch keine höhere Bildung.
- Das Versagen der deutschen Schulen ist kein „Naturgesetz".

Eine für uns Deutsche überraschende Feststellung ergibt sich aus dem internationalen Vergleich der PISA-Studien: Die möglichst große Homogenität der

Lerngruppen, die durch die Dreigliedrigkeit unseres Schulsystems immer wieder versucht wird herzustellen, bietet keineswegs die Garantie für individuell optimale Lernerfolge – im Gegenteil: Der internationale Vergleich zeigt eindeutig, dass in Ländern mit integrativen Schulsystemen die Chancengleichheit zwischen den sozialen Schichten höher ist! In den skandinavischen Staaten, die ja bei den PISA-Studien durchweg gut bis sehr gut abgeschnitten haben, wird die Heterogenität von Lerngruppen sogar teilweise bewusst verstärkt – etwas, das einem traditionellen deutschen Gymnasiallehrer wohl eher Schauder über den Rücken laufen lässt.

Daher formulieren wir als grundlegende Ausgangsthese:

> Bei gleichen Voraussetzungen entwickeln sich Schüler dann besser, wenn sie in heterogenen Regelklassen bleiben und situationsspezifisch in Gruppen differenziert werden, als wenn sie in einem dreigliedrigen System in separierten Klassen unterrichtet werden.

Jeder Lehrer kann die Schüler seiner Lerngruppe je nach Unterrichtssituation nach bestimmten Kriterien zu situativ wechselnden Gruppierungen zusammenfassen, wobei das Schulcurriculum und die Persönlichkeit des unterrichtenden Lehrers selbstredend sowohl Präferenzen als auch Grenzen festlegen.

Situationsspezifische Gruppendifferenzierung kann nach folgenden Kriterien erfolgen (im Einzelnen vgl. Paradies/Linser 2001, S. 36 ff.):
Gruppenbildung nach
1. Organisation und Zufall,
2. Lernvoraussetzungen,
3. Sozialformen,
4. Unterrichtsmethoden und -medien,
5. Unterrichtsinhalten,
6. Zielen.

Die situativ wechselnde Mischung aus Leistungsheterogenität und -homogenität ist einer der Gründe für das erfolgreiche Abschneiden der skandinavischen Schulsysteme bei internationalen Vergleichstests. (Nicht nur) aus der PISA-Studie lassen sich daher folgende Konsequenzen formulieren:
- Schule kann die schichtspezifischen Benachteiligungen verringern.
- Schule kann Leistungsunterschiede verringern und zugleich ein hohes Durchschnittsniveau fördern.
- Zurückstellungen und Sitzenbleiben von Schülern sind nicht nur nicht notwendig, sondern nutzlos und teuer.

- Schule kann Kinder aus Migrantenfamilien erfolgreicher fördern und angemessen bilden.
- Geschlechtsspezifische Unterschiede zwischen den Lernleistungen von Jungen und Mädchen sind nicht naturgegeben.
- Hohe Fachleistungen sind auch ohne Ziffernoten und zentrale Prüfungen erreichbar.

Diese Aussagen erfordern Veränderungen sowohl im schulischen als auch im außerschulischen Bereich: Nicht Aussortierung, sondern professionelle pädagogische Unterstützung und Förderung – so muss das Gebot der Stunde lauten. Sparmaßnahmen beeinträchtigen diese Forderung zwar in erheblichem Maße, aber das darf nicht bedeuten, dass damit alle Chancengleichheit passé ist. Daraus folgt:

- Es müssen umfassende und individualisierte Förderprogramme entwickelt und angeboten werden.
- Sprachförderung muss als Angebot für jeden, der sie benötigt, zur Verfügung stehen.
- Keine Aussortierung bei Leistungsdefiziten, sondern gezielte professionelle und individuelle Förderung ist geboten.
- Veränderte handlungsorientierte Unterrichtskonzepte können Leistungsunterschiede verringern.
- Lerndiagnosen und daraus abgeleitete gezielte Förderungen und Forderungen führen zu einem hohen Durchschnittsniveau.

So könnten sich daraus z.B. entwickeln:

- Konzepte zur Förderung der Sprachkompetenz bei Migranten,
- Vereinbarungen statt Verordnungen auf Schulträgerebene,
- Qualitätsentwicklung und -sicherung anstelle von bürokratischen Reglementierungen,
- Professionalisierung der Lehrerarbeit durch kontinuierliche Evaluation der jeweiligen Schulpraxis,
- eine lern- und entwicklungspsychologische Grundausbildung für alle Lehrer,
- regelmäßige Fortbildungen zur Stärkung der Diagnosefähigkeit, Interventions- und Förderkompetenz.

Als zweite Ausgangsthese formulieren wir:

> Die Hauptursache für das schwache Abschneiden vieler Lernender ist die zu wenig ausgeprägte Diagnosekompetenz von Lehrern, denn wenn Lernrückstände nicht erkannt werden, können sie auch nicht abgebaut werden.

Eine statistisch repräsentative Untersuchung über die Diagnosekompetenzen der deutschen Lehrer im Primar- und Sekundarbereich steht zwar noch aus, aber sowohl Detailuntersuchungen (IGLU, LAU usw.) wie auch unsere eigenen Erfahrungen (auch mit unseren eigenen Fähigkeiten) zeigen, dass es um die Diagnosekompetenz von Lehrern an deutschen Schulen nicht zum Besten steht.

Lernen im Gleichschritt, im gleichen Lerntempo und mit für alle gleichen Rahmenbedingungen kommt nur einem kleinen Teil der Lerngruppe entgegen. Gleichgültig, wie weit der Abstand des jeweiligen Schülers vom vorgegebenen Lerntempo ist, die unterrichtlichen Inhalte erreichen ihn nicht mehr, und schon ein kleiner Lernrückstand reicht aus, um völlig den Anschluss zu verpassen. Wer einen Zug verpasst, bleibt auf dem Bahnhof zurück, gleichgültig, ob er zehn Sekunden oder zehn Minuten zu spät kommt. Lehrer sind aber keine Bahnhofsvorsteher, sondern eher Reiseleiter, und es gehört zu ihrer Aufgabe, jeden einzelnen Schüler möglichst weitgehend individuell zu unterrichten. „Eine zentrale Voraussetzung für eine optimale Förderung ist eine ausreichende diagnostische Kompetenz der Lehrkräfte, also die Fähigkeit, den Kenntnisstand, die Verarbeitungs- und Verstehensprozesse sowie die aktuellen Leseschwierigkeiten der Schülerinnen und Schüler korrekt einschätzen zu können." (Deutsches PISA-Konsortium 2001, S. 132)

Es geht, um es an dieser Stelle ganz deutlich zu sagen, keineswegs darum, das Rad neu zu erfinden; denn gewiss verfügt jeder berufserfahrene Lehrer über ein angemessenes diagnostisches Instrumentarium. Lehrer beurteilen und bewerten ihre Schüler und deren Leistungen täglich, indem sie:

- loben und tadeln,
- mündliche und schriftliche Rückmeldungen geben,
- Tests, Klassenarbeiten und Klausuren bewerten,
- Noten- oder Berichtszeugnisse schreiben,
- über Versetzungen entscheiden,
- Schullaufbahnempfehlungen geben,
- Abschlüsse vergeben.

Um eine optimale Passung der Unterrichtsinhalte und -angebote an die Lernausgangslage von Schülern zu erreichen, sollte die tägliche Routine des Diagnostizierens, Förderns und Forderns aber zum bewussten, methodisch kontrollierten und transparenten Prozess weiterentwickelt werden.

Diagnosen können als Frühwarnsystem dienen, um rechtzeitig Präventionsmaßnahmen für lern- und entwicklungsgefährdete Schüler zu initiieren, zu planen und zu organisieren. Vorhandene Lern- und Leistungsprobleme können nur mithilfe von Diagnosekompetenzen erkannt, erfasst, benannt und behoben werden – als Mittel der Krisenintervention.

Diagnosekompetenz bedeutet aber nicht nur, Diagnoseinstrumente kompetent handhaben zu können, sondern muss auch Antworten für die folgenden Fragen parat haben:

● Auf welcher Grundlage kann man überhaupt kompetent diagnostizieren?
● Wie reagiert man auf gewonnene Diagnoseergebnisse angemessen und förderlich?
● Was sind geeignete Arbeitsinstrumente und -mittel für das Diagnostizieren?
● Welche Handlungsspielräume hat man, um seine gewonnenen Erkenntnisse richtig und nachhaltig umzusetzen?
● Welcher Organisationsrahmen ist vorgegeben und welche Strukturen müssen berücksichtigt werden?

Unser Ziel ist ein höherer Grad an pädagogischer Professionalität bei der Lerndiagnose:

● keine künstlich (dienstlich vorgegebene) Aufblähung von Diagnosetätigkeiten, sondern eine qualitative Verbesserung,
● Entwicklung eines individuellen Beratungs- und Beurteilungssystems,
● Schärfung des diagnostischen Blicks auf Prozesse und deren Bedingungen.

Ziel sollte nicht die Selektion sein, sondern primär die individuelle Beratung und Förderung.

Diagnosen können in Bezug auf den Prozess, die Ergebnisse und die konstituierenden Bedingungen gestellt werden. Die daraus abgeleiteten Fördermaßnahmen (qualitative Verfahren) fördern besondere Begabungen, verringern Lerndefizite (unterschiedliche Diagnoseverfahren) oder zielen auf veränderte Verhaltensweisen (Lernstrategieentwicklung, Entscheidungskompetenzen). Diagnosen stellen keine endgültige Wahrheit dar, sondern bilden die Basis für Prognosen und Hypothesen, die immer wieder neu zu überprüfen und zu hinterfragen sind.

Besonders wichtig ist uns dabei der Zusammenhang von Beobachten, Diagnostizieren und Fördern. Gerade die Beobachtungskompetenz scheint in unseren Schulen im Argen zu liegen. Ohne eine intensive Beobachtung ist aber individuelle Förderung (und Forderung) nicht möglich. Wir wissen, dass die Herangehensweise an die Beobachtung einer Problemsituation bestimmt, wie sie gedeutet wird und welche Handlungsmöglichkeiten zur Veränderung der Situation daraus entwickelt werden.

Wir werden alltagstaugliche Verfahren und Instrumente vorstellen, die wir entwickelt haben und mit deren Hilfe Lerndiagnostik unterrichtsbegleitend durchgeführt werden kann.

Die Basis bilden konkrete Lern- und Leistungsmerkmale auf drei Ebenen:
- inhaltlich/fachlich (Wissen, Verstehen, Erkennen, Urteilen),
- methodisch (Lernformen, Arbeitsformen, Gesprächsformen, Kooperationsformen),
- individuell (Anstrengungen, Lernfortschritte, individuelle Lernstrategien).

Auf dieser Grundlage gibt es zahlreiche Möglichkeiten der Lernstandsmessungen:
- ergebnisorientiert (schriftliche Arbeiten, Lernkontrollen, Tests),
- prozessorientiert (Schülerbeobachtung, Schülergespräche, Schülerselbstbeobachtung),
- interaktionsorientiert („Trial-and-error-Verfahren" und produktive Fehlerfahndung in beurteilungsfreien Situationen).

Auch dem Aspekt der Schülerselbstdiagnose und -selbstbeurteilung wird genügend Raum gegeben. Die Einbeziehung der Schülerselbstdiagnose in die schulische Praxis der Leistungsbeurteilung ist aus vielen Gründen geboten, schon um die „Mündigkeit", aber auch um die Metakognitionen der Schüler zu fördern. Im Kern geht es dabei um eigenes Reflektieren der Schüler über Arbeits- und Lernprozesse und über Leistungen. Dabei sind das Führen von Berichtsheften, Lerntagebüchern und Portfolios in dialogischer Partnerschaft mit dem Lehrer bewährte Methoden, die durch Schülerporträts, Cluster und Lernplakate ergänzt werden, mit denen der Lernstand, das methodische Knowhow und die Lernstrategien eines Schülers ermittelt werden können.

Mithilfe dieser Instrumente und Verfahren wird das Lernen beschrieben, dokumentiert und bewertet:
- Leistungsbeschreibung (Zeugnisse, Lernentwicklungsberichte),
- Verhaltensbeschreibung (Lernverhalten, Sozialverhalten, Arbeitsverhalten, Individualverhalten),
- Berichte und Gespräche (Schüler, Eltern, Kollegen).

Auf dieser Grundlage wird dann eine Diagnose gestellt, die sich auf folgende drei Bereiche beziehen kann:
- Lernprobleme (Leistungen unterhalb der tolerierbaren Abweichungen von verbindlichen institutionellen, sozialen und individuellen Bezugsnormen, Unterschreiten des Minimalstandards),
- Lernbegabung (Leistungen oberhalb der Bezugsnormen, spezielle Begabungen, Hochbegabung),
- Lernverhalten (Persönlichkeitsentwicklung, personenbezogene Aspekte).

Im nächsten Schritt werden die auf der Diagnose aufbauenden Förderkonzepte dargestellt.

Die daraus resultierenden Fördermaßnahmen folgen in ihrer Systematik der grundlegenden Dreiteilung:

- Förderkonzepte für Lernprobleme (Maßnahmen: Förderpläne, -programme, -unterricht),
- Förderkonzepte für Lernbegabungen (Maßnahmen: Begabungs-, Talent-, Hochbegabungsförderung),
- Förderkonzepte zum Lernverhalten (Maßnahmen: z.B. Lernvermeidungsstrategien abbauen).

Chancen und Grenzen des Diagnostizierens sollen evaluiert und Gütekriterien entwickelt werden.

1.3   Diagnoserealitäten „vor Ort"

Zahlreiche Untersuchungen zu den individuellen Lernbedingungen von Schülern zeigen, dass ihr Lernerfolg nicht unwesentlich von der Diagnose- und Beurteilungskompetenz der Lehrer abhängt (Ingenkamp 1995). Ebenfalls ist deutlich geworden, dass Lehrerurteile zu ein und demselben Lernergebnis sich erheblich unterscheiden können (Sacher 2001, S. 29 ff.).

In unserem Beruf haben wir die große Verantwortung, dass unsere Beurteilungen unter anderem darüber entscheiden, welche beruflichen Wege Schüler gehen können und welche gesellschaftlichen Aufstiegsmöglichkeiten sie haben. „Wird in dieser Hinsicht ein objektives Urteil erwartet, sind Lehrkräfte diagnostisch überfordert. Die unzulängliche Prognosevalidität schulischer Leistungsbeurteilungen konnte vielfach belegt werden" (Ingenkamp 1989, S. 97).

Jede Art von Wahrnehmung, von Bewusstwerdung und von Beurteilung hängt von vielen subjektiven Faktoren ab bzw. wird von unbewussten Voreinstellungen und Erwartungen des Beobachtenden beeinflusst. Diese haben aber wenig mit Objektivität oder Transparenz zu tun, werden der Leistungsbeurteilung nur in Teilbereichen gerecht und behindern die Vergleichbarkeit der Beurteilungen.

Je umfangreicher und komplexer die zu beurteilenden Kenntnisse, Fähigkeiten und Fertigkeiten sind, desto anspruchsvoller und damit fehleranfällig wird die Beurteilung der Lernerfolge.

Alle Lehrer wissen aus Erfahrung – und zahlreiche Untersuchungen belegen es –, dass sich Beurteilungen zum gleichen Lernergebnis gravierend unterscheiden können (vgl. Sacher 2001, S. 29 ff.). Oft sind Lehrer überfordert oder nicht kompetent ausgebildet worden, wenn es darum geht, Lernleistungen objektiv zu diagnostizieren.

Es gibt eine Reihe von Untersuchungen zu der Bedeutung subjektiver Fehlerquellen bei der Leistungsbeurteilung. Da wir der Meinung sind, dass diese
subjektiven Verzerrungen des professionellen Blickwinkels nicht erst am Ende
des Prozesses (also der Leistungsbeurteilung), sondern auch schon an dessen
Anfang (der Diagnose) virulent sind, zitieren wir an dieser Stelle die wichtigsten
Erkenntnisse.

1. Der Einfluss von Vor- und Zusatzinformationen

Positive oder negative Zusatzinformationen – auch über außerschulische
Bedingungen – beeinflussen die Beurteilung von schriftlichen und mündlichen Leistungen (Weiss 1971), was Auswirkungen auf die alltägliche
Benotungspraxis hat. Ein unauffälliger, stiller Schüler, über den der Lehrer sonst wenig weiß, hat bei der Korrektur einer Arbeit wahrscheinlich
deutlich „schlechtere Karten" als ein sprachgewandter, in seiner Freizeit
im Orchester spielender Schüler, dessen Schwester gerade einen Sport-
wettbewerb gewonnen hat, wie in der Zeitung zu lesen war.

2. Der Einfluss von Sympathie und Geschlecht

Objektiv gleiche Leistungen von Mädchen werden günstiger benotet als
die von Jungen – und zwar von Lehrern wie von Lehrerinnen! In Befragungen geben beide Gruppen an, Mädchen im Vergleich zu Jungen als
fleißiger, angepasster, ordentlicher usw. wahrzunehmen. Untersuchungen
haben gezeigt, dass zahlreiche Lehrer diejenigen Schüler günstiger beurteilen, die ihnen sympathisch sind, aber es gab auch zahlreiche Lehrer,
die in dieser Hinsicht völlig immun waren.

3. Der Einfluss von subjektiven Theorien

Die subjektiven, berufsbezogenen Theorien eines Lehrers leiten in hohem
Maße sein Handeln, ausgeprägte Grundüberzeugungen beeinflussen die
Wahrnehmung und Einschätzung von Schülerleistungen. Denn die allgemeine Tatsache, dass man vornehmlich das wahrnimmt, was man wahrzunehmen erwartet, führt häufig zu Beobachtungsverzerrungen und
-einseitigkeiten.

4. Halo-Effekt und logischer Fehler

Allgemeineindrücke oder hervorstechende Merkmale können die Wahrnehmung einzelner nicht direkt beobachtbarer Merkmale bestimmen.
Höfliches Auftreten, ordentliche Kleidung, saubere Heftführung und angemessenes Sprachverhalten führen zu einem gesamtordentlichen Eindruck
eines Schülers. Es besteht aber die Gefahr, dass er bessere Leistungsbeurteilungen erhält, als er es eigentlich verdient hätte. Ähnlich wirkt mitun-
ter auch der Ruf, der einem Schüler vorauseilt.

Voreilige Schlussfolgerungen werden von einem Leistungsmerkmal auf ein anderes geschlossen, das als quasi logisch mit dem beobachteten verbunden angenommen wird (logischer Fehler). Erbringt z.B. ein Schüler vorzügliche Leistungen in Mathematik, wird leicht angenommen, dass seine Leistungen auch im Fach Physik sehr gut sein müssen. Ähnlich wird nicht selten von einer vorzüglichen Gedächtnisleistung auf ein entsprechend hohes Maß an Verständnis geschlossen.

5. **Stabile Urteilstendenzen**
   - Gute und sehr gute Noten werden selten benutzt. Es besteht die Neigung, kleinere Mängel relativ stark zu gewichten und vorwiegend negative Urteile abzugeben und schlechte Noten zu erteilen. (Strengefehler)
   - Es werden hauptsächlich gute Noten und günstige Beurteilungen vergeben. (Mildefehler)
   - Die Scheu vor extremen Urteilen führt zur Häufung von mittleren Urteilen und durchschnittlichen Noten. (Tendenz zur Mitte)
   - Es kommt relativ selten zu mittleren Urteilen und durchschnittlichen Noten, sondern häufig zu überzogenen extremen Urteilen. (Tendenz zu Extremurteilen)

6. **Reihenfolgeneffekte**
   Reihenfolgen- und Positionsfehler ergeben sich aufgrund vorangehender Urteile oder wenn mehrere Beurteilungen nacheinander durchgeführt werden. Eine durchschnittliche Leistung wird beispielsweise oft besser beurteilt, wenn direkt vorher eine sehr mäßige zu bewerten war; eine Leistung wird leicht schlechter beurteilt, wenn ihr eine besonders gute voranging.

Um sich Klarheit über die eigene Beurteilungstendenz zu verschaffen, können Fehler in den Urteilen durch folgende Vorgehensweisen abgemildert werden:
1. Abgleich persönlicher Beurteilungen mit Kollegenurteilen,
2. Vergleich mit einer großen Zahl von Schülern (Klasse – Jahrgang) und Vergleichsarbeiten,
3. systematische, regelmäßige Vergleiche über einen längeren Zeitraum,
4. Analyse des persönlichen Leistungsbildes,
5. transparente Leistungsbeschreibung für jede Beurteilung,
6. systematische Datenermittlung nach eindeutigen Regeln,
7. ausreichende Datenmengen für Gesamturteile.

Lehrer sind im Regelfall in der Lage, die Lernleistungen der Schüler ihrer Klasse relativ zutreffend einzuschätzen und in eine Rangfolge zu bringen (vgl.

Schrader/Helmke 2001, S. 50 f.). Sie haben aber Schwierigkeiten, den Leistungsstand klassenübergreifend oder jahrgangsintern zu beurteilen, denn sie vergleichen überwiegend die Leistungen von Schülern mit denen anderer Schüler in der Klasse, d. h., sie orientieren sich an einem klasseninternen Bezugssystem und weniger an einem absoluten Bezugsmaßstab.

Auffällig und immer wieder in der Literatur erwähnt ist folgender Umstand: Lehrer, die bemüht sind, alle Schüler in ihrer Leistungsfähigkeit zu fördern, gehen meist davon aus, dass alle Schüler es schaffen, die ihnen angemessenen Lehrziele des curricularen Lehrplans zu erreichen. Existierende Leistungsunterschiede werden diagnostiziert und nicht als gegeben hingenommen. Diese Pädagogen versuchen konsequent, Leistungsschwächen zu beseitigen, und kommen damit dem Ziel des individuellen Diagnostizierens, Förderns und Forderns deutlich näher als diejenigen Lehrer, die Begabungsunterschiede als naturgegebene Invariante begreifen. Helmke (2003, S. 89 f.) formuliert „Warum Lehrerurteile nicht immer genau sein müssen" und zitiert Weinert/Schrader (1986, S. 18 f.):

> „Lehrerdiagnosen während des Unterrichts brauchen im Gegensatz zu landläufigen Überzeugungen keineswegs besonders genau zu sein, wenn sich der Diagnostiker der Ungenauigkeit, Vorläufigkeit und Revisionsbedürftigkeit seiner Urteile bewusst ist. ... Lehrerdiagnosen müssen sich nicht durch neutrale Objektivität, sondern durch eine pädagogisch günstige Voreingenommenheit auszeichnen. ... Als pädagogisch ungünstig müssen demgegenüber diagnostische Voreingenommenheiten von Lehrern angesehen werden, die häufig zu einer Überschätzung der Leistungsdifferenzen in der Klasse, zu einer Unterschätzung der individuellen Lernmöglichkeiten und zu einer subjektiven Erklärung von Misserfolgen durch mangelnde Begabung und von Erfolgen durch Zufall oder besondere Anstrengung führen."

1.4   Diagnoseziele: Auslese oder Fördern und Fordern

Lehrpläne, Rahmenrichtlinien und sonstige Erlasse der Schulaufsicht zwängen die Arbeit des Lehrers in ein enges Korsett bestimmter normierter Ansprüche, die vom Lehrer eingefordert werden. Unter diesem Aspekt „fordert" der Lehrer formale, quantifizierbare, standardisierte, genau vorgeschriebene Leistungsnachweise. Selbstredend ist unbestritten, dass die Schule als wertende, beurteilende Instanz, die nicht zuletzt die Sozialchancen für das weitere Leben vergibt, diese standardisierten Leistungen einfordern muss, aber wer Schule primär unter diesem Aspekt sieht, verliert zu oft den einzelnen Schüler als Individuum und Persönlichkeit aus den Augen, schert zu leicht alle über einen Kamm. Ein genuin pädagogischer Förderbegriff dagegen muss von individuellen Kategorien ausgehen, von vorneherein den Bereich der Motivation im Auge haben und folgende Fragen umschließen:

- Ist das, was der Lehrer von seinem Schüler verlangt, leistbar, anschaulich, transparent?
- Kann der Schüler die Sinnhaftigkeit der eingeforderten Leistung überhaupt nachvollziehen?
- Ergibt sich das, was (z.B. in Form von Hausaufgaben) eingefordert wird, aus dem tatsächlichen Unterrichtsgeschehen und den dort erarbeiteten Problemen, oder ist es aus jahrelanger und vom Lehrplan her abgesicherter Routine entstanden?

Das ist alles deutlich zeitaufwändiger und fordert vom einzelnen Lehrer viel Engagement, schafft aber in unseren Augen drei Vorteile, die wir für überaus gewichtig halten und die die Zusatzarbeit mehr als wieder wettmachen:

- Das individuelle Fordern ist Basis und Grundlage jedes Förderprozesses.
- Diese Art des Forderns und Förderns bringt jeden Schüler deutlich besser und weiter voran als jede Form des Rasenmäherprinzips.
- Der Schüler sieht und bemerkt die Mühe, die der Lehrer sich gibt, sowie die Arbeit und das Engagement, das hinter seinem Konzept steht – und damit ist die grundsätzliche Reziprozität gegeben: Der Lehrer fordert sich selbst und gibt den Schülern ein Beispiel, dass und wie man bei sich selbst anfangen muss, wenn man Leistung von anderen verlangt!

Das anfangs zitierte Interview mit der gegenwärtigen KMK-Vorsitzenden wurde mit einer obligatorischen Bemerkung fortgesetzt:

Interviewer: Viele Lehrer sagen: Das schaffen wir nicht. Die Klassen sind zu groß, wir haben zu viele Stunden.
Erdsiek-Rave: Das akzeptiere ich nicht. Diese Ideologie, tue ich oben mehr Geld rein, kommt unten was Besseres raus, ist so nicht richtig. Mehr Investitionen in Bildung sind generell richtig. Doch es geht nicht nur um mehr Stellen, sondern um eine andere Form des Unterrichts. Jeder gute Lehrer weiß, dass es geht ... (Stern Nr. 30/06, S. 52)

Der Aussage, dass es primär um eine andere, neue Form von Unterricht geht, können wir uns nur vorbehaltlos anschließen, dass allerdings jeder gute Lehrer gleichsam „qua Amt" weiß, dass (und wie) es geht, leuchtet uns nicht ein. Wir möchten daher in diesem Buch konkrete Überlegungen anstellen und Möglichkeiten aufzeigen, wie Schule sich in Richtung auf eine möglichst optimale Förderung jedes Schülers bewegen kann.

1.5 Schulrechtliche Entwicklungen

Sowohl die KMK als auch die Kultusministerien der einzelnen Bundesländer arbeiten seit einiger Zeit daran, Kompetenzbereiche, Fähigkeiten und neue Aufgaben für alle deutschen Lehrkräfte im Bereich des pädagogischen Diagnostizierens sowie des individuellen Förderns/Forderns festzuschreiben. Wir zitieren hier zwei Beispiele aus den KMK-Standards zur Lehrerausbildung:

„Kompetenzbereich: Beurteilen
Lehrerinnen und Lehrer üben ihre Beurteilungsaufgabe gerecht und verantwortungsbewusst aus.

Kompetenz 7:
Lehrerinnen und Lehrer diagnostizieren Lernvoraussetzungen und Lernprozesse von Schülerinnen und Schülern; sie fördern Schülerinnen und Schüler gezielt und beraten Lernende und deren Eltern.

Standards für die theoretischen Ausbildungsabschnitte	Standards für die praktischen Ausbildungsabschnitte
Die Absolventinnen und Absolventen	Die Absolventinnen und Absolventen
– wissen, wie unterschiedliche Lernvoraussetzungen Lehren und Lernen beeinflussen und wie sie im Unterricht berücksichtigt werden.	– erkennen Entwicklungsstände, Lernpotenziale, Lernhindernisse und Lernfortschritte.
– kennen Formen von Hoch- und Sonderbegabung, Lern- und Arbeitsstörungen.	– erkennen Lernausgangslagen und setzen spezielle Fördermöglichkeiten ein.
– kennen die Grundlagen der Lernprozessdiagnostik.	– erkennen Begabungen und kennen Möglichkeiten der Begabungsförderung.
– kennen Prinzipien und Ansätze der Beratung von Schülerinnen/Schülern und Eltern.	– stimmen Lernmöglichkeiten und Lernanforderungen aufeinander ab.

Standards für die theoretischen Ausbildungsabschnitte	Standards für die praktischen Ausbildungsabschnitte
	– setzen unterschiedliche Beratungsformen situationsgerecht ein und unterscheiden Beratungsfunktion und Beurteilungsfunktion. – kooperieren mit Kolleginnen und Kollegen bei der Erarbeitung von Beratung/Empfehlung. – kooperieren mit anderen Institutionen bei der Entwicklung von Beratungsangeboten.

Kompetenz 8:

Lehrerinnen und Lehrer erfassen Leistungen von Schülerinnen und Schülern auf der Grundlage transparenter Beurteilungsmaßstäbe.

Standards für die theoretischen Ausbildungsabschnitte	Standards für die praktischen Ausbildungsabschnitte
Die Absolventinnen und Absolventen – kennen unterschiedliche Formen der Leistungsbeurteilung, ihre Funktionen und ihre Vor- und Nachteile. – kennen verschiedene Bezugssysteme der Leistungsbeurteilung und wägen sie gegeneinander ab. – kennen Prinzipien der Rückmeldung von Leistungsbeurteilung.	Die Absolventinnen und Absolventen – konzipieren Aufgabenstellungen kriteriengerecht und formulieren sie adressatengerecht. – wenden Bewertungsmodelle und Bewertungsmaßstäbe fach- und situationsgerecht an. – verständigen sich auf Beurteilungsgrundsätze mit Kolleginnen und Kollegen. – begründen Bewertungen und Beurteilungen adressatengerecht und zeigen Perspektiven für das weitere Lernen auf. – nutzen Leistungsüberprüfungen als konstruktive Rückmeldung über die eigene Unterrichtstätigkeit."

(Aus: KMK Standards, www.kmk.org/Lehrerbildung-Bericht der AG.pdf.)

Die individuelle Förderung jedes einzelnen Schülers und deren „amtlich" nachvollziehbare Dokumentation werden mit hoher Wahrscheinlichkeit in naher

Zukunft für alle Primar- und Sekundarschullehrer zur offiziellen Pflichtaufgabe werden bzw. sind es in einigen Bundesländern schon geworden. In Niedersachsen wurde zum 1.8.2006 eine verbindlich für alle Schüler anzufertigende „Dokumentation der individuellen Lernentwicklung" eingeführt (Nds. Kultusministerium 2005), die aufsteigend von der Klasse 1 bis zum Jahrgang 9 bzw. 10 fortgeschrieben werden muss. In der Dokumentation werden die individuelle Lernentwicklung und der individuelle Lernprozess festgehalten, sowie von Lehrer- wie Schülerseite kommentiert und reflektiert. Die Einbettung dieser Dokumentation in das Unterrichtsgeschehen wird in der Übersicht auf Seite 25 skizziert (ebd., S.4).

Die Schulen sollen auf der Basis der verbindlichen Lerncurricula schuleigene Arbeits- und Förderpläne erarbeiten, wobei die individuellen Lernentwicklungsdokumentationen Ausgangspunkt der Planung des Unterrichts in den einzelnen Klassen sind.

Lernentwicklungsdokumentation
Pilotprojekt in Niedersachsen
Basis: Lehren ist dann besonders effektiv, wenn Kenntnisse über die Lernenden in die Planung und Durchführung des Unterrichts einfließen und die individuellen Voraussetzungen der Schülerinnen berücksichtigt werden.
1. Die Lernentwicklungsdokumentation enthält Aussagen:
   - zur Lernausgangslage,
   - zu den im Planungszeitraum angestrebten Zielen,
   - über Maßnahmen, mit denen die Ziele erreicht werden sollen,
   - Beschreibung des Fördererfolgs durch Lehrkraft und Schülerin.
2. Ziele der Lernentwicklungsdokumentation:
   Lehrkräfte:
   - vergleichen Beobachtungen über Lernverhalten und Leistungen untereinander,
   - beziehen individuelle Lernvoraussetzungen in Planungen mit ein,
   - beschließen Maßnahmen, die für individuelle Lernentwicklung förderlich sind.
   SchülerInnen:
   - entwickeln Bewusstsein über Lernfortschritte, für persönliche Stärken und ein realistisches Bild der Lernmöglichkeiten,
   - sehen Mitverantwortung für den eigenen Bildungsweg.
   Erziehungsberechtigte/r:
   - erhält Rückmeldung über Lernstand und -entwicklung,
   - Absprachen über ‚Erziehungspartnerschaft‘ möglich.

(Den vollständigen Text und erste Erfahrungsberichte finden Sie unter:
http://www.nibis.de/nibis.phtml?menid=310)

Dokumentation der individuellen Lernentwicklung			
Schüler/Schülerin	Lern-ausgangslage	angestrebte Lernziele und geplante Maßnahmen	Beschreibung und Einschätzung der durchgeführten Maßnahmen und der Lernentwicklung
	↘	↓	↙
	Unterricht		
Klasse	↗	↑	↘
	Lernsituation der Klasse	Lehren und Lernen Beobachten der Lernprozesse	Überprüfung der Lernergebnisse Lernkontrollen
	↑	↑	↑
Schule	Lehrpläne, Förderkonzepte	Konferenzen	Interne Evaluation
	↑	↑	↑
Land	Rahmenrichtlinien, Kerncurricula	Vergleichsarbeiten Abschlussprüfungen	Inspektion Schulbehörde
	↑	↑	
KMK	nationale Bildungsstandards	nationale und internationale Vergleichsuntersuchungen	

2. Grundlagen für die Diagnose, zum Fördern und zum Fordern

2.1 Diagnostizieren

2.1.1 Definitionen und Zielsetzungen

Eine Diagnose als Grundlage für die Erteilung von Qualifikationen ist eine andere als die, die der Verbesserung des Lernens dienen soll. In beiden Bereichen gibt es die Status- und die Prozessdiagnostik.

Die Diagnose zur Erteilung von Qualifikationen findet im pädagogischen Bereich meist als Leistungsbeurteilung und -bewertung statt. Die Aufgabe der pädagogischen Diagnostik im engeren Sinne ist nach unserem Dafürhalten aber der Versuch, das Lernen zu verbessern. Diagnostizieren ist „eine Bewertung aufgrund präziser, begründeter Fragestellung mithilfe kontrollierter und theoriegeleiteter Datenerhebung und im günstigsten Fall einer argumentativen Urteilsbildung unter Experten. Diagnose bedarf der Kenntnis eines Standardzustandes oder eines Normalverhaltens, das Erkennen bestimmter Normabweichungen und der systematisierenden Synthesen zu klaren Zustandsbildern" (Eduard Kleber 1992, S.105). Diagnostizieren ist Teil eines Such- und Problemlöseprozesses, bei dem von einem Ist-Zustand ausgehend, ein Bedingungs- und Entwicklungsmodell entworfen wird. Ziel: Den Ist-Zustand in einen Soll-Zustand zu überführen (Kiper/Mischke 2006, S.111). Diagnose trägt zu einer besseren Prognose in pädagogisch relevanten Problemfeldern bei (Wild/Krapp 2001, S.515).

Ziele der schulischen Diagnose:
- Leistungsbewertung (Noten, Erteilung von Qualifikationen),
- Verbesserung der Unterrichtsgestaltung,
- Erkennen von Lernschwierigkeiten und Störungen,
- Erkennen von Lernbegabungen.

Wir fassen als Resümee zusammen: Die schulische Diagnose dient der Optimierung des individuellen Lernens.

2.1.2 Kompetenzbegriff als Grundlage der Diagnose

Diagnostizieren bedeutet den Vergleich von zwei Zuständen: Einem – wie auch immer – festgestellten Ist-Zustand wird ein Soll-Zustand gegenübergestellt. Auf welchen Wegen kann man sich der Formulierung der Kriterien dieses Soll-Zustandes nähern? Nach unserer eigenen Erfahrung im pädagogischen Alltag bietet derjenige Kompetenzbegriff, der den PISA-Studien zugrunde liegt, einen ebenso theoretisch einleuchtenden wie praxisrelevanten, handhabbaren Ausgangspunkt.

Definition des Kompetenzbegriffes:

„… die bei Individuen verfügbaren oder von ihnen erlernbaren kognitiven Fähigkeiten und Fertigkeiten, bestimmte Probleme zu lösen, sowie die damit verbundenen motivationalen, volitionalen und sozialen Bereitschaften und Fähigkeiten, die Problemlösungen in variablen Situationen erfolgreich und verantwortungsvoll nutzen zu können. Kompetenz ist nach diesem Verständnis eine Disposition, die Personen befähigt, bestimmte Arten von Problemen erfolgreich zu lösen, also konkrete Anforderungssituationen eines bestimmten Typs zu bewältigen. Die individuelle Ausprägung der Kompetenz wird von verschiedenen Facetten bestimmt: Fähigkeit, Wissen, Verstehen, Können, Handeln, Erfahrung, Motivation." (Weinert 2001, S. 27)

So lautet die mittlerweile allgemein anerkannte Definition des Kompetenzbegriffes von Weinert, die auch als Grundlage des sogenannten Klieme-Gutachtens zur Entwicklung von Bildungsstandards diente. Die Definition bezieht sich schwerpunktmäßig auf die kognitive Ebene der Fach- und Sachkompetenz, davon zu unterscheiden sind die Bereiche der Lern- und Methodenkompetenz sowie der sozialen und emotionalen Kompetenz. Selbstredend ist unbestritten, dass der Schwerpunkt der pädagogischen Diagnostik sowie des nachfolgenden Förderns und Forderns auf der Ebene der Fach- und Sachkompetenz liegen muss. Ein Schüler, der z. B. eine hohe soziale Kompetenz, aber keinerlei Sachkenntnisse in einem bestimmten Fachgebiet hat, wird in dieser Domäne scheitern. Unbestritten ist aber, dass die Ursachen für mangelnde Sachkompetenz auch außerhalb, also in den Bereichen der Lern-/Methoden- bzw. sozialen/personalen Kompetenz liegen können. Pädagogische Diagnostik wird daher alle drei Ebenen in den Blick nehmen müssen.

Fach- und Sachkompetenz wird von Weinert begriffen als „Leistungsdispositionen in bestimmten Fächern oder Domänen" (Klieme 2003, S. 23). Der Weinert'sche Kompetenzbegriff hat mehrere Konsequenzen für die pädagogische Diagnostik: Er ist domänenspezifisch, also stets auf Fächer und Fachwissen bezogen (z. B. bei PISA: Lesekompetenz, mathematische und naturwissenschaftliche Kompetenz).

Kompetenzen ohne Inhalte gibt es nicht. Sein Kompetenzbegriff ist hierarchisch gestuft, d. h., die Anforderungen an die kognitiven Prozesse und Handlungen haben eine bestimmte Qualität, die die Schüler unterer Stufen (noch) nicht beherrschen. Er unterscheidet verschiedene Teildimensionen (z. B. innerhalb der Lesekompetenz, vgl. Kiper 2004 a, S. 43 ff.) mit schul- und altersspezifisch unterschiedlichen Niveaustufen.

Er verweist damit auf Bildungsstandards und Kerncurricula, in denen die gestuften Kompetenzen jahrgangs- und schulformspezifisch präzise gefasst und beschrieben werden.

Er ist mehrdimensional in dem Sinne, dass er nicht nur einen einzigen „Problemlöseweg" zulässt, sondern sich auf „Grunddimensionen der Lernentwicklung in einem Gegenstandsbereich, einem Kernbereich oder einem Fach" (Klieme 2003, S. 22) einlässt und einfordert.

Diese Mischung aus präziser Definition und struktureller Offenheit macht das Geschäft des pädagogischen Diagnostizierens einfacher und transparenter, weil es sowohl auf theoretisch-wissenschaftlicher als auch auf pragmatisch-schulpraktischer Ebene möglich ist, fach- und schulformspezifisch ausdifferenzierte Fähigkeiten und Fertigkeiten dessen zu beschreiben, was Schülern in einer bestimmten Situation (Alter, Schulform, Fach) an Kompetenzen zu eigen und verfügbar sein muss.

2.1.3 Die Bedeutung der Bildungsstandards, Kerncurricula und Themenpläne

Die bildungstheoretische Diskussion in Deutschland ist von etwa 1970 bis 2000 (Erscheinen der ersten PISA-Studie) gekennzeichnet durch die sogenannte „Input-Orientierung", das bedeutete die umfassende Modernisierung insbesondere der Lehrpläne und Rahmenrichtlinien. Ziel dieser Phase war die Subjektivierung und Individualisierung des Lernens, z. B. durch anfangs sehr weitreichende Spezialisierungsmöglichkeiten für die Schüler der gymnasialen Kursstufe, sowie die Orientierung am wissenschaftspropädeutischen Denken bei der gleichzeitigen Aufgabe eines geschlossenen und verbindlichen Bildungskanons. Während die „Kanondebatte" schon in den 1990er-Jahren wieder aufflackerte, ist die ab der Jahrtausendwende einsetzende pädagogische

Diskussion über Bildungsstandards und Kerncurricula als direkte Folge des PISA-Schocks zu begreifen: Im Gegensatz zu den früher üblichen Lehrplänen und Rahmenrichtlinien, die eher den Charakter eines stofflichen Angebots hatten, haben Bildungsstandards den Anspruch, eine exakte Beschreibung der auf einer bestimmten Stufe (Jahrgang und Schulform) notwendig zu beherrschenden Kompetenzen zu formulieren. Am 4.12.2003 schließlich beschloss die KMK die verbindlichen „Bildungsstandards für den mittleren Schulabschluss" für die Fächer Deutsch, die erste Fremdsprache und Mathematik auf jeweils mehreren Seiten für die einzelnen Kompetenzbereiche des jeweiligen Faches (vgl. KMK 2003 a, S. 13–19, KMK 2003 b, S. 13–20, KMK c, S. 9–14).

Dies markiert (auch von der Ebene der Schulaufsicht her) den Übergang von der Input- zur Output-Orientierung: Das, was Schulen und Schüler leisten, wird nicht mehr primär durch curriculare Vorgaben usw. gesteuert, sondern durch möglichst zentrale und standardisierte Leistungstests überprüft, die in vielen Bundesländern bereits beschlossene Sache sind – so z. B. in Niedersachsen die zentralen schriftlichen Überprüfungen in Deutsch, Mathematik und der ersten Fremdsprache jeweils am Ende der Klassen 3, 6, 8 und 10.

Die Bildungsstandards und ministeriellen Kerncurricula bilden die Grundlage der schulinternen allgemeinen Curricula, und diese schließlich sind die Basis für die von den Fachkonferenzen jeweils zu erarbeitenden Fachcurricula. In Anlehnung daran können für einen gesamten Themenbereich oder eine Unterrichtseinheit Themenpläne entwickelt werden. Diese ermöglichen den Schülern eine intensivere Auseinandersetzung mit fachspezifischen Problemstellungen, auch und gerade im Bereich der selbstständigen Transferleistungen. Die Schüler erhalten einen Plan und bekommen schon zu Beginn ihrer Arbeit einen Überblick über das, was in nächster Zeit auf sie zukommt (in höheren Klassen sollten die Schüler in die gemeinsame Planung und Gestaltung eingebunden werden). Themenpläne enthalten Pflicht-, Wahl- und Zusatzaufgaben. Die Aufgaben und ihre Reihung sind so geplant, dass die Schüler sie selbstständig – oder nach einer kurzen Einführung durch den Lehrer – bearbeiten können (selbstorganisiertes Lernen).

Bildungsstandards, Kerncurricula und Themenpläne sollen und müssen den folgenden Anforderungen genügen:

Fachlichkeit:

Bildungsstandards sind jeweils auf einen bestimmten Lernbereich bezogen und arbeiten die Grundprinzipien der Disziplin bzw. des Unterrichtsfachs klar heraus.

Fokussierung:

Die Standards decken nicht die gesamte Breite des Lernbereiches bzw. Faches in allen Verästelungen ab, sondern konzentrieren sich auf einen Kernbereich.

Kumulativität:
Bildungsstandards beziehen sich auf die Kompetenzen, die bis zu einem bestimmten Zeitpunkt im Verlauf der Lerngeschichte aufgebaut worden sind. Damit zielen sie auf kumulatives, systematisch vernetztes Lernen.

Verbindlichkeit für alle:
Sie drücken die Mindestvoraussetzungen aus, die von allen Lernern erwartet werden. Diese Mindeststandards müssen schulformübergreifend für alle Schülerinnen und Schüler gelten.

Differenzierung:
Die Standards legen aber nicht nur eine Messlatte an, sondern differenzieren zwischen Kompetenzstufen, die über und unter bzw. vor und nach dem Erreichen des Mindestniveaus liegen. Sie machen so Lernentwicklungen verstehbar und ermöglichen weitere Abstufungen und Profilbildungen, die ergänzende Anforderungen in einem Land, einer Schule, einer Schulform darstellen.

Verständlichkeit:
Die Bildungsstandards sind klar, knapp und nachvollziehbar formuliert.

Realisierbarkeit:
Die Anforderungen stellen eine Herausforderung für die Lernenden und die Lehrenden dar, sind aber mit realistischem Aufwand erreichbar.
(Klieme S. 24 ff.)

Für die pädagogische Diagnose der Fach- und Sachkompetenz sind Bildungsstandards daher eine ausgesprochen nützliche Innovation, denn mit ihrer Hilfe kann man ziemlich exakt die zu einem bestimmten Zeitpunkt bei einem bestimmten Schüler vorhandenen Defizite und Leistungsstärken identifizieren. Gerade die Defizitanalyse ist von größerer Bedeutung, denn wer einmal den Anschluss verloren hat, auf einer genau bestimmten Stufe eine bestimmte Kompetenz gar nicht oder nicht sicher beherrscht, kann kaum sinnvoll eigenständig weiterlernen. Auf dieser Basis können dann gezielt Förder- und Fordermaßnahmen geplant und realisiert werden.

2.1.4 Modellvorstellungen hinter den Verfahren der Diagnostik

Modelle sind ihrem Wesen nach immer komplexitätsreduzierend: Sie geben eine komplexe, vielschichtige und häufig undurchschaubare Wirklichkeit in einfacheren Grundzügen und mit weniger Parametern versehen wieder. Jede Form von Modellbildung gerät dabei in Gefahr, die Realität zu verfehlen, eben weil in der Reduzierung wesentliche Parameter ausgeklammert oder übersehen werden.

Persönlichkeitsmodell: Individuum und Verhalten stehen im Mittelpunkt. Grundlage sind im Regelfall medizinische und/oder psychologische Krankheitsmodelle (näheres dazu im nächsten Abschnitt). Dieses „klinische Modell" isoliert das Individuum zu sehr von der Umwelt, ist daher für schulische Diagnostik nur bedingt brauchbar. Andererseits bietet es hilfreiche Denkmuster zum Erfassen von Eigenschaften, Systemzuständen, Syndromen und Inventarisierung von Verhalten.

Interaktionistisches Modell: Wechselwirkungen zwischen Lehrkräften und Schülern sowie zwischen Schülern und Mitschülern werden in den Blick genommen. Die Realität im Klassenzimmer, in der Schule und auf dem Pausenhof wird nicht ausgeblendet, sondern bildet einen konstitutiven Bestandteil des Diagnoseprozesses.

Sozialökologisches Modell: Wechselwirkungen zwischen Individuum und Umwelt werden analysiert. Die Qualität der schulischen und familiären Umwelt soll erfasst werden.

Der Prozess des pädagogischen Diagnostizierens hat seine Grundlagen sicher in allen drei Modellen, der Schwerpunkt sollte aber auf dem interaktionistischen Modell liegen, wie wir im folgenden Abschnitt zu zeigen versuchen.

2.1.5 Von der psychologischen zur pädagogischen Diagnostik

> „Pädagogische Diagnostik umfasst alle diagnostischen Tätigkeiten, durch die bei Lernenden und Lehrenden
> • Voraussetzungen und Bedingungen planmäßiger Lehr- und Lernprozesse ermittelt, Lernprozesse analysiert und
> • Lernergebnisse festgestellt werden, um individuelles Lernen im dialogischen Prozess zu optimieren."
> (In Anlehnung an Ingenkamp 1988, S. 423)

Diagnosen im Bereich psychischer, geistiger, mentaler, seelischer usw. Fähigkeiten sind primär das Geschäft der Psychologie, und dies ist sowohl sachlogisch als auch historisch zu verstehen: Die Psychologie (und die Psychoanalyse) ist die erste Humanwissenschaft, die sich explizit und intensiv mit denjenigen Vorgängen befasst, die sich „im" Menschen abspielen, und daher gilt der (Schul-)Psychologe nach wie vor als der erste Fachmann für alle Fälle „irgendwie gestörter" Schüler, die wir Lehrer mit unserem pädagogischen Fach- und Alltagswissen nicht mehr erreichen. Das hat seine Berechtigung, und auf vieles von dem, was die Psychologie im Bereich der Diagnoseverfahren und -instrumente entwickelt hat, kann die pädagogische Diagnostik nicht verzichten.

Es gibt aber eine ganze Reihe von sehr wesentlichen Unterschieden, die man im Auge behalten muss, wenn man ein Konzept des pädagogischen Diagnostizierens entwickeln will.

1. Der wichtigste Unterschied besteht in der negativen Konnotation der Begriffe *Diagnose* und *Therapie:* Niemand geht zum Psychologen, der sich hervorragend fühlt, glücklich ist und beste Leistungen vollbringt. Mit anderen Worten: Psychologische Diagnosen und Therapien sind ausschließlich defizitorientiert – erst wenn jemand offensichtlich nicht mehr richtig „funktioniert" (vgl. das Beispiel oben), geistig krank ist oder sich so fühlt, also Defizite aufweist, tritt die Psychologie auf den Plan, um – im besten Falle – den „Status quo ante" wieder herzustellen.

   Die Situation in der pädagogischen Diagnostik ist eine vollkommen andere: Es geht eben nicht um Defizite, sondern darum, den Lernstand eines jeden Schülers möglichst genau zu erfassen, um so ein individuelles Profil der Schwächen, aber ebenso der Stärken zu erhalten! Nicht nur der schwache Schüler braucht die Diagnose als Fördergrundlage, sondern genauso der starke, der in seinen Stärken weiter gefördert und gefordert werden muss. Es ist daher durchaus nachvollziehbar, dass einige Pädagogen fordern, die negativ besetzten Begriffe Diagnose und Therapie aus der Pädagogik zu verbannen und zu ersetzen durch z.B. „Förderbericht", „Entwicklungsplan" oder „Kompetenzeinschätzung" (vgl. Kretschmann 2004).

2. Psychologische Diagnostik wird im klinisch-therapeutischen Bereich, bei psychologischen Gutachten zur Glaubwürdigkeit von Angeklagten oder Zeugen in Strafprozessen oder auch im Personalbereich großer Firmen angewendet. Sowohl die Zielgruppen als auch die jeweiligen Funktionen sind kaum mit der schulischen Situation zu vergleichen.

3. Der zu diagnostizierende Schüler ist nicht bloßes Objekt in einem wesentlich fremdbestimmten Prozess, sondern Pol eines interaktionellen Zusammenhangs und damit selber im Diagnoseprozess aktiv. Dies schließt im Fall einer gelingenden Diagnose auch den Perspektivwechsel ein: „Nicht nur diagnostizieren Lehrende das Lernen und Verhalten von Lernenden, sondern auch Lernende reflektieren die Qualität der Unterrichtsarbeit von Lehrenden" (Grabbe 2004). Also nicht nur die Schüler erhalten Rückmeldungen über die Qualität ihrer Lernprozesse, sondern ebenso die Lehrer in Bezug auf die Güte ihrer Lehrprozesse.

4. Ziel von Intelligenz- und Schulleistungstests ist es, möglichst genaue, statistisch evaluierbare und eindeutige Ergebnisse zu erzielen und möglichst stabile Persönlichkeitsmerkmale zu erfassen. Das ist z.B. für psy-

chologische Forschungszwecke sinnvoll, sagt aber im konkreten pädagogischen Einzelfall wenig bis nichts aus. Warum z. B. Maria, die ansonsten eine gute Schülerin ist, in Mathematik komplett versagt, andererseits aber „Weltmeisterin" im Sudoku-Lösen ist, kann ein Intelligenztest eben nicht klären – hier liegen die Ursachen vielleicht in einem gestörten Verhältnis zwischen Maria und ihrer Grundschulmathelehrerin. Anders gesagt: Tests dieser Art sind personenorientiert und erfassen nicht das Umfeld des Probanden, und sie sind produktorientiert, erfassen nicht den Lernprozess, sondern nur sein Ende.

Demgegenüber darf die pädagogische Diagnostik nicht punktuell und stichprobenartig vorgehen, im Gegenteil muss sie sich leiten lassen von Kontinuität und Prozessorientierung. Sie muss entwicklungsbezogene Fragestellungen ebenso einbeziehen wie die Frage nach der Entstehung bzw. Verhinderung von lernbereichsspezifischer Motivation und sie muss nicht zuletzt die Einflussfaktoren der Umwelt berücksichtigen.

Kretschmann präzisiert wie folgt (2004, S. 19 ff.):

„1. Domainbezogene und curriculumvalide Verfahren, d. h. Instrumente, welche den Lernfortschritt in einem Fach nicht nur punktuell und stichprobenartig, sondern kontinuierlich abbilden können. (...)

2. Entwicklungsbezogene Verfahren, die geeignet sind abzubilden, auf welchen Entwicklungsstufen sich Kinder im Sozialverhalten, der Sprache, der Selbstorganisation befinden. (...)

3. Prozessorientierte Verfahren, durch die sich ermitteln lässt, ob Kai Fehler macht, weil er sich einen falschen Algorithmus eingeprägt hat oder überhaupt noch nicht über Lösungsvorstellungen verfügt.

4. Wir benötigen Diagnoseverfahren, um die lernbereichsspezifische Motivation eines Kindes zu ermitteln und die Gefühle, die es einem Lerngegenstand entgegenbringt. Die Begeisterung, die ein Kind für mathematisch-naturwissenschaftliche Fächer aufbringt, muss nicht die gleiche sein wie die gegenüber Sprachen – und umgekehrt. (...)

5. Wir benötigen neben der noch weitgehend personzentrierten Diagnostik eine umfeldbezogene Diagnostik, um abschätzen zu können, inwieweit schädigende oder schützende Bedingungen des Umfeldes eines Kindes die Entwicklung beeinflussen, und um abschätzen zu können, ob schädigende Bedingungen eliminiert und schützende aufgebaut werden können. Zu solch einer Umfelddiagnostik gehört auch das Ausleuchten des schulischen Umfeldes, und zwar nicht nur der Blick auf die Mitschüler, sondern auch das Durchleuchten der schulischen Angebote."

In der Schule sind vor allem die Lernstandsdiagnostik (Position eines Lerners innerhalb einer Domäne steht im Mittelpunkt) und die Lernfähigkeitsdiagnostik (Zustand des Lernersystems und der Lernmöglichkeiten sollen erfasst werden) von Bedeutung.

2.1.6 Drei Arbeitsschritte des Diagnostizierens

Die pädagogische Diagnose sollte sich in drei Schritten vollziehen (in Anlehnung an Altrichter/Posch 1996, S. 153 ff.):
1. Fachliche und fachdidaktische Zielbestimmung
2. Datenerhebung und -aufbereitung
3. Datenauswertung und -interpretation

1. Fachliche und fachdidaktische Zielbestimmung
Wie bereits ausgeführt, sind bei der Realisierung des ersten Schrittes Bildungsstandards und Kerncurricula sehr hilfreich. Was die weiteren Arbeitsschritte angeht, beziehen wir uns auf Elsbeth Stern:
„Statt sich auf die Diagnose von Persönlichkeitsunterschieden zwischen Schülern zu konzentrieren, sollte man für jede Unterrichtseinheit eine Analyse des zu vermittelnden Wissens unter kognitionspsychologischen Gesichtspunkten vornehmen. Dazu gehören Fragen wie:
– Welche Routinen müssen beherrscht werden?
– Welche Begriffe müssen verstanden und welche Fakten müssen bekannt sein, damit ein bestimmtes Lernangebot genutzt wird?
– Wie könnte das Wissen aussehen, das einige Schüler bereits mitbringen?
– An welche Art von Wissen kann man anknüpfen?
– Wo liegen die Quellen für Missverständnisse?
– Welche unterschiedlichen Möglichkeiten gibt es, einen bestimmten Sachverhalt auszudrücken?
– Welche Veranschaulichungsformen können angeboten werden?“
(Stern 2004, S. 39)

2. Datenerhebung und -aufbereitung
In der Vorbereitungsphase werden Hypothesen gebildet, welche Zustände und Prozesse erfasst werden sollen. Im praktischen Teil kommt es zu einer methodisch kontrollierten Datenerhebung. Nach der Auswertung und der Interpretation der Datensammlung kann ein Förderplan erstellt werden. Bedingungen für die Datenerhebung und -aufbereitung sind: methodische Kontrolle, Berücksichtigung der Gütekriterien Objektivität, Validität und Reliabilität (vgl. S. 65/66).

Mögliche Verfahren sind:
– Inventarisieren,
– Verfahren der Beobachtung,
– Methode des lauten Denkens,
– Arbeitsproben und Aufgaben,
– Exploration/Befragung,
– Fehleranalysen,
– Tests.

3. Datenaufbereitung und -interpretation

Die Auswertung und Deutung der erhobenen Daten sollte sich an den folgenden Leitfragen orientieren:
– Welche sind die wichtigsten Sachverhalte, die in den Daten zum Ausdruck kommen? Was war überraschend?
– Welche neuen Fragen, Sichtweisen, Annahmen, Ideen legt das Datenmaterial nahe?
– Welche nächsten Schritte erscheinen angesichts des Materials am zweckmäßigsten?

2.2 Über die Notwendigkeit beurteilungsfreier Unterrichtsphasen (Monitoring)

Zum normalen Alltagsgeschäft jedes Lehrers zählt die Beurteilung und Bewertung der Leistungen seiner Schüler – sei es in Form verbaler Rückmeldungen (Leistungsbeurteilung), sei es durch Vergabe von Zensuren (Leistungsbewertung), diese Tatsache ist ebenso banal wie unumstößlich. Viele Lehrer, gerade auch diejenigen, die ihr Amt und die ihnen aufgebürdete Verantwortung (Zensuren als Vergabeschlüssel für Sozialchancen) sehr ernst nehmen, sind der Meinung, je breiter die Basis für eine Beurteilung und insbesondere Bewertung, desto gerechter, transparenter und objektiver sei die Zensur. Dieser Ansicht kann man ja auch nicht ernsthaft widersprechen! Eine „gute" Zensur im obigen Sinne wird also dann vergeben, wenn der Lehrer das gesamte Jahr über in jeder einzelnen Stunde für jeden einzelnen Schüler z.B. eine quantitativ wie qualitativ gewichtete Beteiligungsnote gibt und die in kurzen, regelmäßigen Abständen seinen Schülern mitteilt oder – noch besser – sie mit ihnen bespricht.

Der Kollege, der so vorgeht, hat zudem den Vorteil, die schulrechtlichen Vorgaben in Gänze zu erfüllen, denn die gesetzlichen Regelungen und Erlasse aller Bundesländer fordern von den Lehrern bei der Zensurenfindung Transparenz, Nachvollziehbarkeit, Offenlegung der je eigenen Bewertungskriterien usw. Also handelt der oben beschriebene Pädagoge wirklich vorbildlich – oder? Gehen wir die Situation aus der Sicht eines Schülers an: Der Schüler weiß genau, dass sein Lehrer jede Äußerung von ihm, jede Frage, jede Bemerkung zum Nebenmann (bei Partner- oder Gruppenarbeit), jeden Fehler in der Hausaufgabe oder der Übung während des Unterrichts genauestens registriert und zur Leistungsbewertung heranzieht. Das ist jetzt bewusst übertrieben ausgedrückt, denn Lehrer sind keine Supercomputer, aber uns geht es darum, deutlich zu machen, in welcher Situation sich jeder Schüler der Lerngruppe dieses Lehrers befindet. Was kann man also als Schüler für eine möglichst gute Zensur tun?

● Fehler werden möglichst vertuscht, denn sie wirken sich negativ auf die Leistungsbewertung aus.

● Wenn man etwas nicht verstanden hat, fragt man auf keinen Fall den Lehrer, denn es kann ein Minuspunkt sein, durch Nichtverstehen aufzufallen.

● Neue Lernwege werden vermieden, weil sie im Gegensatz zum Hauptweg nicht mit Sicherheit zum Ziel führen usw.

Dieses Verhalten setzt sich bis in die Körpersprache fort, denn der Schüler verhält sich z. B. in seiner Mimik und Gestik so, wie es das alltagsdiagnostische Ritual des Lehrers erfordert. Jank/Meyer nennen z. B. „ein kluges Gesicht machen, sich hinter dem Vordermann verstecken" und anderes mehr (Jank/Meyer 1991, S. 340). Ziehe schlussfolgert: „Mit den Jahren lernen Schüler Techniken, ganze Vormittage zu verbringen, ohne dass sie wüssten, welche Inhalte behandelt worden sind" (Ziehe 1982, S. 149).

Jeder Lerntheoretiker kann bestätigen, dass diese Vermeidungsstrategien einen wirklichen, produktiven Lernprozess eher verhindern als fördern (Mischke 2004). Wirklich sinnvoll lernen und dabei von einem Fachmann unterstützt werden kann ausschließlich derjenige, der Fehler machen darf, ohne dass dies zu negativen Sanktionen führt! Mit anderen Worten: Ein Unterricht, dessen Basis die pädagogische Diagnose jedes Schülers ist und der auf dem Prinzip des individuellen Förderns und Forderns aufbaut, wird dann falsche Daten erhalten, wenn die Schüler sich permanent in einer Leistungsmessungssituation befinden, denn dann werden sie all das eher vermeiden, was die eigentliche Basis jeder Diagnose ist. Daher fordern wir die klare Trennung von beurteilungsfreien Monitoring- oder Lernphasen von der Situation der Leistungsbewertung.

● In der Lernphase muss sich jeder einzelne Schüler sicher sein, dass er Fehler machen kann, darf und soll, ohne dass dies Konsequenzen für die Zensuren hat.

- Wenn die Lernphase abgeschlossen ist und der Lehrer dies offiziell mitgeteilt hat, kann und wird die Phase der (mündlichen oder schriftlichen) Leistungsbewertung erfolgen, die dann die Grundlage für weitere Diagnoseschritte sein kann.

Die Institutionalisierung beurteilungsfreier Monitoring-Phasen ist mittlerweile Bestandteil der neuesten Rahmenrichtlinien bzw. Kerncurricula. So fordert z.b. das niedersächsische Kerncurriculum für das Fach Politik/Wirtschaft: „Grundsätzlich ist zwischen Lern- und Leistungssituationen zu unterscheiden. In Lernsituationen ist das Ziel der Kompetenzerwerb. Fehler und Umwege dienen den Schülerinnen und Schülern als Erkenntnismittel, den Lehrkräften geben sie Hinweise für die weitere Unterrichtsplanung. Das Erkennen von Fehlern und der produktive Umgang mit ihnen sind konstruktiver Teil des Lernprozesses."
(Niedersächsisches Kultusministerium, Kerncurriculum für das Gymnasium Schuljahrgänge 8 bis 10, Politik – Wirtschaft, 2006, http://www.nibis.de/nibis.phtml?menid=1526)

2.3 Fördern und Fordern

2.3.1 Theoretische Grundlagen der Förderkonzepte

Pädagogische Förderung kann nur individuell, also passgenau auf den einzelnen Schüler zugeschnitten sein. Jeder Versuch, eine Lerngruppe quasi „im Gleichschritt" ohne Eingehen auf die individuellen Spezifika fördern zu wollen, stößt an sehr enge Grenzen. Das ist aber keineswegs als Forderung nach möglichst großer Homogenität von Lerngruppen zu missverstehen – wie gesagt, alle empirischen Untersuchungen zeigen, dass Heterogenität von Lerngruppen zu deutlich größerem Lernerfolg sowohl der schwachen als auch der starken Schüler führt als bei weitgehend homogenen Lerngruppen. Heterogenität von Lerngruppen wird nur dann zum Problem, wenn sie nicht durch ein entsprechendes Förderkonzept pädagogisch begleitet wird, denn dann ist im Regelfall die einzige Möglichkeit des im wahrsten Sinne des Wortes allein gelassenen Lehrers, den Unterricht für alle gleich auf einem mittleren Schwierigkeitsniveau anzusiedeln, der die Schwachen ebenso über- wie die starken Schüler unterfordert.

Wir definieren individuelles Fördern so:

> Individuelles Fördern gibt jedem Schüler die Chance, durch geeignete Maßnahmen sein motorisches, intellektuelles, emotionales und soziales Potenzial umfassend zu entwickeln.

Geeignete Maßnahmen sind: die Gewährung ausreichender Lernzeit, spezifische Fördermethoden, angepasste Lernmittel und gegebenenfalls Hilfestellungen weiterer Personen mit Spezialkompetenzen.

Pädagogische Förderarbeit vollzieht sich nicht in einem luftleeren Raum, so wie es auch keinen Unterricht ohne Inhalte geben kann. Mit anderen Worten: Da das Unterrichten an und von speziellen Inhalten nach wie vor das Zentrum der Lehrertätigkeit ist und bleibt, findet die pädagogische Förderarbeit im Rahmen der gemeinsamen Auseinandersetzung mit den Unterrichtsinhalten statt. Pädagogische Förderarbeit ist also an fachlich-inhaltliche, fachdidaktische und fachmethodische Sichtweisen und Arbeitsinstrumente gebunden. Ihre besondere Aufgabe, in der sie über die „normale" pädagogische Arbeit des Lehrers hinausgeht, besteht darin, die fachlichen Aufgaben und Problemstellungen auf die spezifischen Stärken (und Schwächen) des einzelnen zu fördernden Schülers abzustimmen.

Von daher versteht sich die pädagogische Förderarbeit in erster Linie als Orientierungshilfe und Leitfaden für den zu fördernden Schüler: Auf der Basis des jeweiligen Faches sowie seiner Inhalte und Methoden wird ein konkreter Plan entwickelt, der aus der Fülle der möglichen Handlungsalternativen die für den jeweiligen Schüler optimalen Varianten entwickelt und gleichzeitig das Bedingungsgefüge (Zeit, Ressourcen, vorhandene Medien …) für den Erziehenden im Auge behält.

Eine möglichst effektive Förderung kann sich nicht auf das isolierte Verhältnis eines Schülers zu einem Lehrer beziehen, sondern sollte möglichst alle am Lern- und Erziehungsprozess beteiligten Personen einbeziehen. Deshalb sollten auch die anderen Fachlehrer des jeweiligen Schülers und besonders die Eltern den Förderprozess begleiten und ihre Möglichkeiten einbringen.

2.3.2   Förderplanung

---

1. Baustein
Von der subjektiv zufälligen zur systematisch regelgeleiteten
Beobachtung
Mittel: Bestandsaufnahme (in Bezug auf den Schüler): Welche Besonderheiten sind eindeutig zu erkennen?

---

2. Baustein
Pädagogische Diagnose
• Zweck- und Zielbestimmung
• Sichtung und Auswahl einsetzbarer Methoden und Verfahren
Mittel: pädagogisch-diagnostisches Gespräch mit dem Schüler, den Eltern und den Fachlehrern

---

3. Baustein
Hypothesenbildung und Zielformulierung
• erste Deutungsversuche
• prognostizierte Ziele
Mittel: Bedingungsanalyse: Zeit, Ressourcen, Medien etc.

---

4. Baustein
Förderplanung
• Festlegung der Fördermaßnahmen
• Systematisierung in einem Plan
Mittel: prozessbegleitende Gespräche mit allen an den Fördermaßnahmen Beteiligten

---

5. Baustein
Evaluation
Subjektiv: Mittel: Gespräche über die empfundene Sinnhaftigkeit, Eigen- und Fremdbeobachtung
Objektiv: Mittel: testtheoretische Verfahren, sonstige Leistungsnachweise
• Gesamtbewertung der subjektiven und objektiven Evaluation
• Konsequenzen: – Abschluss der Fördermaßnahme
                          – erneute modifizierte Fördermaßnahme

2.3.3   Fragen zur Strukturierung eines Förderplans

1. Wie sieht das Wissen aus, das der Schüler mitbringt?
   – Über welche Grundkenntnisse verfügt der Schüler?
   – Welche stofflichen Routineverfahren beherrscht der Schüler sicher, welche teilweise, welche gar nicht?
   – Welche Fachbegriffe, Vokabeln, Informationen, Kenntnisse struktureller Zusammenhänge müssen dem Schüler bekannt sein, um das angestrebte Förderziel zu erreichen?
   – Von welchem falschen Wissen geht der Schüler aus, wo liegen die Quellen für die Fehler?
2. Wie kann der Förderplan an dieses Wissen anknüpfen?
   – Welche alternativen Möglichkeiten fachlicher wie methodischer Art gibt es zur Erarbeitung eines bestimmen Stoffgebietes oder Sachverhaltes?
   – Welche Möglichkeiten zur Veranschaulichung, Illustrierung und Vertiefung gibt es (Beispiele, Modelle, Experimente, gestalterische und spielerische Verfahren)?

Wer individuell fördern will, muss klären, welche Diagnose- und Förderkompetenzen dafür erforderlich sind und woher sie kommen können, wenn man sie selbst (noch) nicht besitzt. Er muss sich Förderregeln oder -prinzipien erarbeiten und eine diesen Regeln entsprechende „Didaktik der Vielfalt" (Prengel 1993; Graumann 2002) anstreben.

2.3.4   Indikatoren

Ein hohes Niveau individueller Förderpraxis ist an folgenden Prüfsteinen zu erkennen (Hilbert Meyer 2004, S. 99):
- Die Schüler arbeiten an unterschiedlichen Problemstellungen, Fragen und Aufgaben und kommen im Rahmen ihrer Möglichkeiten gut voran.
- Es gibt je nach Thema, Interessensschwerpunkten und Leistungsvermögen unterschiedliche Lehrbücher, Lernmaterialien, Lernangebote und Arbeitshilfen.
- Schüler mit besonderen Begabungen erhalten zusätzliche Hilfen.
- Alle Schüler reflektieren ihren individuellen Lernfortschritt (Metakognition).
- Lernschleifen sind regelmäßig in den Unterricht eingebaut (Monitoring).
- Langsamere Schüler haben ausreichend Zeit, um ihre Aufgaben zu erledigen.

- Schüler mit motorischen oder affektiven Problemen nehmen an kurzen Konzentrationsübungen nach Anleitung teil (Auszeit).
- Schüler mit Gesundheitsproblemen erhalten ein ihren Möglichkeiten angepasstes Arbeitspensum.
- Schüler mit nichtdeutscher Muttersprache erhalten zusätzliche Unterrichtsangebote.
- Schüler aus Risikogruppen werden besonders betreut.
- Leistungsstarke Schüler haben das Recht und die Möglichkeit, sich nach Absprache mit der Lehrkraft aus Routineaufgaben auszuklinken und an eigenen Schwerpunkten zu arbeiten.
- Allen Schülern ist vertraut, dass es unterschiedliche Leistungsvermögen gibt.
- Die Schüler unterstützen sich gegenseitig beim Lernen.
- Nach wiederholt unentschuldigtem Fehlen finden Gespräche mit den Eltern oder Erziehungsberechtigten statt.
- Es besteht Kontakt zu den Jugendhilfe-Einrichtungen der Stadt bzw. der Region.
- Schüler mit sonderpädagogischem Förderbedarf haben eine genaue Lernstandsdiagnose erhalten. Ein Förderplan ist erarbeitet, der den Beteiligten bekannt ist und der auch umgesetzt wird.
- Die Lehrer machen jedem Schüler die für ihn geltenden Leistungserwartungen transparent und helfen ihm, sie nachzuvollziehen.

2.3.5 Begabten- und Hochbegabtenförderung

„Ein wichtiger Beitrag zur Stärkung der Schulen besteht in der Qualifizierung der Lehrkräfte, die eine sehr entscheidende Rolle im Rahmen der Begabtenförderung spielen" (Karg-Stiftung 2004, S. 3). In einem Grußwort an die Karg-Stiftung für Hochbegabtenförderung beschreibt Prof. Dr. Heinz Holling, dass alle Bundesländer die Begabtenförderung als eine „wichtige Aufgabe" erachten. Insbesondere die Qualifizierung der Lehrer ist dabei von entscheidender Bedeutung, entstehen doch durch sie viele Förder- und Fordermaßnahmen. Weiterhin ist es notwendig, Begabungen möglichst frühzeitig zu erkennen, damit die Schüler sich entfalten und gefördert werden können.

„Durch eine praxisnahe Personalentwicklung, die Mitwirkung der Schulleitung und des Kollegiums sowie durch die intensive Unterstützung der Lehrerinnen und Lehrer in Form materieller und zeitlicher Ressourcen ist es möglich, Veränderungen im Unterricht zu implementieren." (Karg-Stiftung 2004, S. 6)

„Nicht Intelligenz allein macht Begabung aus, sondern der Komplex persönlicher Eigenschaften, Kenntnisse, Fähigkeiten und Fertigkeiten, die einen

Menschen befähigen, besondere Aufgaben zu übernehmen." (Hans-Georg Karg, a.a.O.)

Für den Erwerb intelligenten Wissens ist eine möglichst frühe Förderung von Begabungen notwendig und entscheidend. Nach unseren Erfahrungen finden an den meisten Schulen beschleunigende Maßnahmen statt: frühzeitige Einschulung oder Überspringen einer oder mehrerer Klassen. Diese Maßnahmen sind aber nur für eine kleine Minderheit von Schülern geeignet und stellen im Übrigen auch keine Förderung im engeren Sinne dar. Die kognitiven, sozialen und emotionalen Kompetenzen sind auch bei besonders Begabten sehr unterschiedlich ausgeprägt. Wir halten es für notwendig, die individuelle Förderung besonderer Begabungen in den alltäglichen Unterricht zu integrieren, denn integrative Förderung ermöglicht den Schülern einen stabilen emotionalen Halt in der Klassengemeinschaft. Im sozialen Miteinander lernen die Schüler ihre Individualität gegenseitig zu akzeptieren und wertzuschätzen. So können ihre Stärken gefördert und für alle positiv genutzt, gleichzeitig aber auch ihre Schwächen und Defizite durch Förderprogramme und individuelle Hilfen ausgeglichen werden. Die Arbeit mit individuellen Lernplänen ist eine Möglichkeit, diesem Anspruch gerecht zu werden.

Hochbegabung

Der Intelligenzquotient (IQ) in Bezug auf gleichaltrige Kinder zeigt, dass zwei bis drei Prozent hochbegabt sind. Zum Teil ist Hochbegabung genetisch bedingt (50 bis 60 Prozent), aber auch umweltbedingte oder andere Faktoren haben einen Einfluss von ca. 40 bis 50 Prozent. Wissenschaftliche Studien zeigen, dass Intelligenz und Hochbegabung verhältnismäßig stabile Merkmale sind – auch über das Alter hinaus. Hochbegabte unterscheiden sich in der Ausprägung der Intelligenz von ihren Altersgenossen, nicht aber in ihren sozialen und emotionalen Kompetenzen. Intelligenznahe Merkmale können aber durchaus ein Hinweis auf Hochbegabung sein: z.B. Gedächtnisleistung, Merkfähigkeit, Problemlösefähigkeit, Strukturierung und sprachliche Gewandtheit. Sie sind aber keine zwingenden Indizien. Das niedersächsische Kultusministerium z.B. definiert Hochbegabung wie folgt:

„Hoch begabt im intellektuellen Sinne ist, wer in der Lage ist oder in die Lage versetzt werden kann, sich für ein Informationsangebot hohen Niveaus zu interessieren, ihm zu folgen, es zu verarbeiten und zu nutzen. Dabei spielen die hohe Geschwindigkeit, die große Breite, das hohe Niveau, die tiefe Verarbeitung und die effektive Anwendung der Informationen, Daten und Erfahrungen eine wesentliche Rolle. Informationen werden also nicht nur hoch effektiv, reproduktiv, sondern auch produktiv-kreativ erarbeitet. Hochbegabung wird nicht nur durch die Höhe der Intelligenz bestimmt, sondern vor allem auch durch das Zusammenwirken verschiedener Bedingungen, die

wesentlich dazu beitragen, ob sich Begabungspotenziale entwickeln und entfalten können. Dieses sind personale Voraussetzungen wie intellektuelle Denk-
fähigkeit, Fähigkeit der Stressbewältigung, Leistungsmotivation, kreatives
Denken und Neugierde, Anstrengungsbereitschaft, effiziente Lernstrategien,
Fähigkeit zur Selbstkontrolle und Selbstregulation einerseits und Einflüsse des
Umfeldes wie Familiensituation, Freundeskreis, Situation in Kindergarten und
Schule."
(http://www.mk.niedersachsen.de/cda/pages/printpage.jsp?C=741827&N=
890028&L=...)

Um frühzeitig entsprechende Fördermaßnahmen einleiten zu können, kann
eine psychodiagnostische Überprüfung eines Kindes notwendig sein. Bei einer
verlässlichen Diagnostik sollte darauf geachtet werden, dass die Testverfahren
den individuellen Bedingungen angepasst werden und dass nicht nur ein Intelligenztest durchgeführt wird. Um sich ein umfassendes Bild machen zu können,
sollten Vorgespräche stattfinden, zusätzliche Daten von den Eltern erfragt,
Besonderheiten ermittelt und Fragestellungen von der Schule erhoben
werden.

Ab einem Alter von zwei bis drei Jahren können Kinder auf ihre Intelligenz
hin untersucht werden. Je nach familiärer, schulischer und sozialer Situation
erscheint es uns sinnvoll, eine psychologische Diagnostik mit zehn bis elf Jahren zu wiederholen.

Zu den anerkannten Testverfahren, die objektiv und zuverlässig messen und
wenig den subjektiven Einflüssen unterliegen, gehören:
- der Hamburg-Wechsler-Intelligenztest für Kinder (HAWIK-III),
- das Adaptive Intelligenz-Diagnostikum (AID2),
- der Intelligenz-Struktur-Test (IST 2000),
- der Kognitive-Fähigkeiten-Test (KFT),
- die Standard Progressive Matrices (SPM),
- der Culture-Fair-Test (CFT).

(Eine Übersicht über alle gegenwärtig verfügbaren deutschsprachigen Intelligenztests finden Sie im Internet unter http://www.testzentrale.de)

Diese Tests sollten nur von Diplompsychologen durchgeführt werden, die
über erforderliches Hintergrundwissen verfügen und die sachgerechte Durchführung, Auswertung und Interpretation garantieren. Das heißt aber nicht,
dass die Lehrer keine Kenntnisse über diese Testverfahren haben sollten. Für
uns war es immer hilfreich, die Tests und ihre Fragen zu kennen. So konnten
wir einschätzen, wie und was getestet wurde, und wie diese Ergebnisse in die
Fördermaßnahmen einfließen konnten. Wenn auch nicht vorgesehen – die
Testergebnisse werden den Eltern ausgehändigt und die Lehrer haben im

Regelfall keinen Zugriff darauf –, ist die Kenntnis der einzelnen Ergebnisse, das Gespräch mit den Eltern und dem Schüler eine wichtige Voraussetzung für schulische Forderung und Förderung.

Hochbegabung wird – wie oben schon erwähnt – durch beschleunigende (Akzeleration) oder vertiefende (Enrichment-)Maßnahmen gefördert und unterstützt.

Akzeleration:

- Derselbe Unterrichtsstoff wird in kürzerer Zeit gelernt,
- der Schüler nimmt in einem oder mehreren Fächern am Unterricht einer höheren Jahrgangsstufe teil,
- der Schüler überspringt eine Klasse.

Enrichment:

- Der Unterrichtsstoff wird vertieft und inhaltlich erweitert,
- der Schüler arbeitet in zusätzlich eingerichteten AGs oder Kursen,
- die Schule arbeitet mit außerschulischen Institutionen, z.B. einer Hochschule, zusammen,
- der Schüler nimmt an genehmigten Wettbewerben teil,
- der Schüler wird in Hochbegabtenschulen oder -zweigen (z.B. des Gymnasiums) unterrichtet.

Besonders begabte Schüler haben auch die Möglichkeit, an Angeboten von staatlichen und freien Trägern teilzunehmen, es gibt Ferienakademien, Nachmittagskurse oder speziellen Kursangebote. Ein Veranstaltungskalender sowie eine Datenbank mit entsprechenden bundesweiten Angeboten finden sich unter www.karg-stiftung.de.

2.4 Fazit: Von den Bildungsstandards zum selbstverantwortlichen Lernen

Die Schule in der Bundesrepublik Deutschland wird sich in den nächsten Jahren verändern – und dieser Prozess hat vielerorts schon begonnen. Dieser Veränderungsprozess wird grundsätzlich alle Schulformen ebenso betreffen wie alle Bundesländer, auch wenn es selbstredend schulform- und landesspezifische Unterschiede geben wird. Dennoch ist (neben der Einführung regelmäßig stattfindender, standardisierter und zentraler Tests) eine generelle Tendenz ganz klar abzusehen: Schule und Lehrer werden sich in Zukunft in ganz anderem Maße als bisher mit dem jeweils einzelnen Schüler, mit seinen Stärken und Schwächen befassen und ihn möglichst individuell fördern und fordern müssen.

Diese neue Ausgestaltung von Schule und Unterricht müsste nach unseren Vorstellungen einen systematischen Aufbau haben, wie er in der folgenden Grafik skizziert und anschließend erläutert wird:

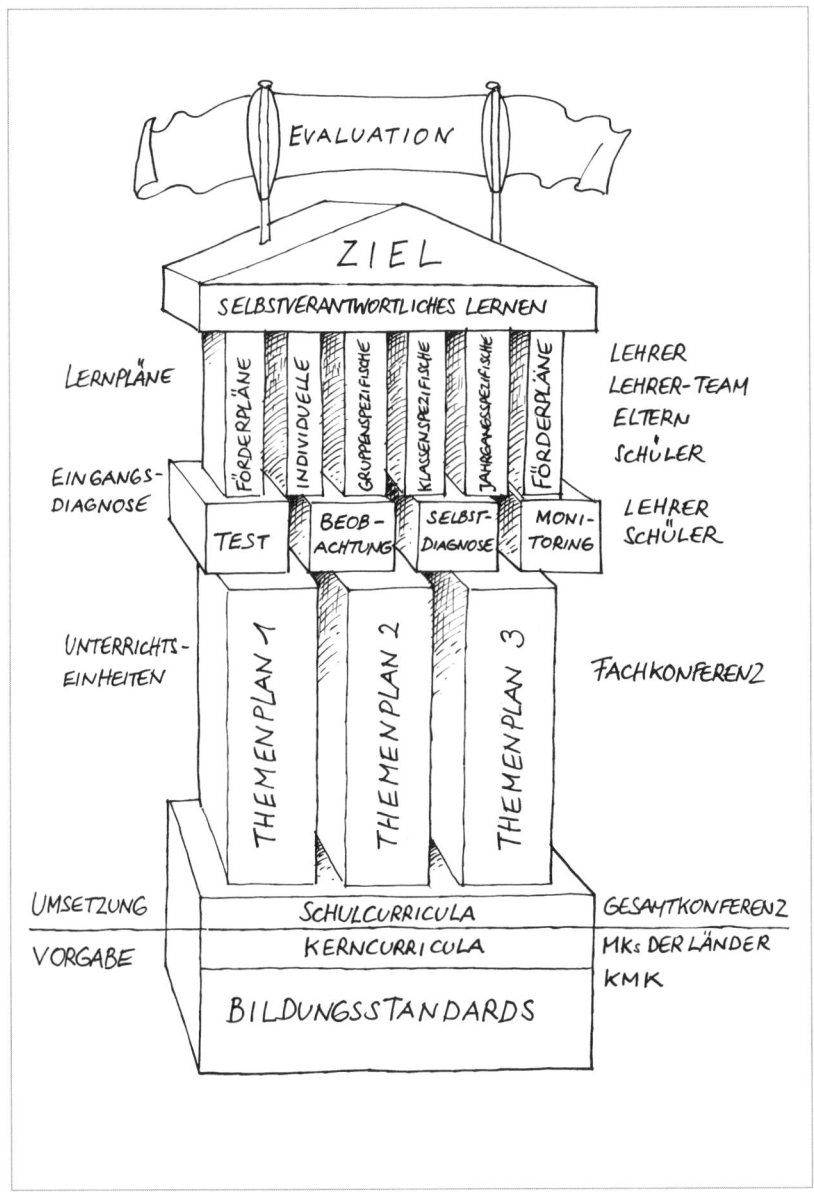

1. Ebene: Bildungsstandards

Die Basis bilden die Bildungsstandards und Kerncurricula (Bezeichnung je nach Bundesland: Lehrpläne, Rahmenrichtlinien, curriculare Vorgaben usw.), die von der KMK sowie den Kultusbehörden der einzelnen Bundesländer sowie den Landtagen formuliert und verabschiedet werden.

2. Ebene: Schulcurricula

Präzisiert und angepasst an die spezifischen Gegebenheiten der einzelnen Schule werden diese in inhalts- wie methodenbezogenen Schulcurricula umgesetzt. Im Regelfall wird dies durch die Gesamtkonferenz der jeweiligen Schule koordiniert (auch wenn sich in einigen Bundesländern neue schulische Entscheidungsstrukturen abzuzeichnen beginnen).

Gibt es keine Schulcurricula, werden die Fachkonferenzen unmittelbar auf der Basis der ministeriellen Vorgaben aktiv und entwickeln Themenpläne. Beispiele für Schulcurricula finden Sie im Abschnitt 7.1.

3. Ebene: Themenpläne

Die ministeriellen Vorgaben in den einzelnen Bundesländern sind zurzeit sehr uneinheitlich, und es steht zu befürchten, dass der Zuständigkeitszuwachs, den die Länder in der Bildungspolitik durch die Föderalismusreform 2006 erhalten haben, zu noch mehr Uneinheitlichkeit führt. Dennoch ist die Arbeitsbasis, auf der Themenpläne erstellt werden, grundsätzlich in allen Ländern gleich.

Ein Themenplan stellt eine von der jeweils zuständigen Fachkonferenz entwickelte, methodisch und fachdidaktisch strukturierte thematische Einheit für „die Hand des Lehrers" dar, die die Grundlage für die jeweilige Unterrichtseinheit bildet. In ihm werden inhalts- und prozessbezogene (methodische) Kompetenzen auf jeweils grundlegendem und vertieftem Niveau eindeutig festgeschrieben. Themenpläne bilden damit auch die sachlich-fachliche Grundlage der Eingangsdiagnose.

Eine breite wie vertiefte Allgemeinbildung wird sichergestellt. Fachübergreifendes und projektbezogenes Lernen sind Bestandteile der Pläne. Beispiele und Kopiervorlagen für Themenpläne finden Sie im Abschnitt 7.2.

4. Ebene: Eingangsdiagnose

Zu Beginn einer auf einem der Themenpläne basierenden Unterrichtseinheit steht eine Eingangsdiagnose, die z.B. durch einen Test, eine Selbstdiagnose der Schüler oder Beobachtungsverfahren realisiert wird. Diese Diagnose wird in den anschließenden Monitoringphasen fortgesetzt. Ziel der Diagnose ist es, die Stärken und Schwächen der gesamten Lerngruppe wie der einzelnen Schüler zu erkennen und – auf dieser Basis aufbauend – die Eckpunkte der Förder- und Forderschwerpunkte zu setzen, die in den folgenden Phasen präzisiert und realisiert werden sollen.

Im Einzelnen soll herausgefunden werden:
- Welches Fachwissen hat der Schüler/die Schülerin?
- Welche Methoden setzt der Schüler/die Schülerin selbstständig ein?
- Welche Arbeitstechniken beherrscht der Schüler/die Schülerin routinemäßig?
- Ist der Schüler/die Schülerin in der Lage, im Team/in einer Gruppe zu arbeiten?
- Welche Stärken und Schwächen kann der Schüler/die Schülerin selbst benennen?

Als Hilfsmittel stehen uns hier Testverfahren (von Verlagen oder Instituten, fachspezifische oder allgemeine Erhebungsbögen, Fragebögen, Bewertungsbögen, Schülerporträts, Beurteilungsraster und Beobachtungsbögen) zur Verfügung. Beispiele und Kopiervorlagen für Eingangsdiagnosen finden Sie im Abschnitt 7.3.

5. Ebene: Lernpläne und Förderpläne

Lernpläne:
Für eine abgeschlossene Unterrichtseinheit wird ein spezieller Lernplan erstellt (ein differenzierter Plan für alle mit Ankreuzkästchen), den jeder Schüler und jede Schülerin zu Beginn der Unterrichtseinheit erhält. Er informiert sie genau über diese Punkte:
- Welche Fachinhalte werden in dieser Unterrichtseinheit vermittelt (Grundwissen, Erweiterungswissen, Zusatzwissen)?
- Welche Methodenkompetenz können die Schüler in dieser UE entwickeln?
- Welche Arbeitstechniken sind in dieser UE notwendig?

Zusätzlich werden für Schülergruppen besondere Lernpläne erarbeitet, die auf deren Spezifika eingehen. Dies können sein:
- Förderpläne für Schüler mit Teilleistungsschwächen,
- Forderpläne für Schüler mit besonderen Begabungen (Erweiterung des Lernplans),
- Übungspläne.

Entsprechend unserem Ziel (Stärken betonen statt Lerndefizite festzustellen und hervorzuheben) arbeiten wir mit Lernplänen für alle Schüler. Es gibt drei verschiedene Arten von Lernplänen:
1. Lernpläne für die gesamte Klasse/Lerngruppe,
2. Lernpläne mit Förder-/Fordermaßnahmen für einzelne Gruppen innerhalb der Klasse,
3. Lernpläne mit Förder-/Fordermaßnahmen für einzelne Schüler.

Im Sekundarbereich I entwickeln die Lehrer für die Schüler individuelle oder gruppenspezifische Lernpläne. Diese werden gemeinsam mit den Schülern (und in Absprache mit den Eltern) erstellt. Für den alltäglichen Unterricht ist es notwendig, den Wissensstand der Schüler festzustellen, damit die nächsten Lernschritte bewältigt werden können (genaue Analyse der Fähigkeiten und Vorkenntnisse sowie der Schwächen und Lücken, die auf fehlendes Vorwissen hinweisen, das am Weiterlernen hindert).

Es reicht aber nicht, dies nur festzustellen, sondern es müssen Wege aufgezeigt werden, wie fehlendes Wissen oder bisher nicht Gelerntes aufgeholt bzw. nachgeholt werden kann.

● Vor und auch während der Durchführung der Unterrichtseinheit werden Lernpläne aufgestellt, die individuelle Förder- und Fordermaßnahmen in Bezug auf die Unterrichtseinheit enthalten (zielgerichtetes, integratives Fördern und Fordern). Lernpläne können individuell, auf einen einzelnen Schüler abgestimmt sein, aber ebenso gut auch auf eine leistungshomogene Gruppe, eine Klasse oder einen ganzen Jahrgang.

● Solange dieser Prozess noch relativ neu und ungewohnt ist, werden die Pläne vom Fachlehrer oder einem entsprechenden Team erstellt, sukzessive sollte diese Aufgabe später an die Schüler selber übergehen. Anzupeilen ist, dass jeder Schüler (ab einer gewissen Jahrgangsstufe) über genügend Fähigkeiten und Routinen zur Eigendiagnose verfügt, sodass er in der Lage ist, seinen eigenen Lernplan weitgehend selbstständig zu erstellen und der Lehrer (bzw. das Lehrerteam) diesen Prozess nur noch moderierend und unterstützend begleitet.

Exkurs: Grundformen des Unterrichts
Unterricht wird in einer bunten Palette unterschiedlicher Erscheinungsformen praktiziert. Um eine Struktur oder theoretische Ordnung in die Formenvielfalt von Unterricht zu bringen, schlagen wir vor, drei Grundformen des Unterrichts zu definieren:
- den individualisierten Unterricht, der überwiegend aus selbstorganisierten Lehr- und Lernsituationen besteht,
- den kooperativen Unterricht, der überwiegend aus gemeinsam organisierten Lehr- und Lernsituationen besteht,
- den lehrgangsförmigen Unterricht, der überwiegend aus frontalen Lehr- und Lernsituationen besteht.
Jede Grundform hat ihre spezifischen Stärken und ihre schwachen Seiten:
- Individualisierter Unterricht steht für selbstorganisiertes Lernen. Er ist gut geeignet, um individuelle Lernschwerpunkte herauszubil-

den. Er hilft, Methodenkompetenzen aufzubauen. Die Wissensvermittlung muss keineswegs unsystematisch oder gar zufällig werden. Sie folgt vielmehr stärker als je zuvor einem Individuallehrplan für jeden Schüler.

• Kooperativer Unterricht erlaubt solidarisches Handeln und bietet Erfahrungen in der Team- und Gruppenarbeit. Er vermittelt Handlungskompetenz und Selbstwertgefühl. Er ist weniger geeignet, um neu erworbenes Wissen und neue Fähigkeiten zu üben und zu festigen, wohl aber zur Anwendung von erlerntem Wissen.

• Klassen- oder Frontalunterricht ist gut geeignet, um Sach-, Sinn- und Problemzusammenhänge aus der Sicht des Lehrenden zu vermitteln und dadurch Sach- und Fachkompetenz der Schüler aufzubauen. Die Vergleichbarkeit der individuellen Schülerleistungen ist hoch. Die Erziehung zur Selbstständigkeit ist demgegenüber anders.

Das Konzept des zielgerichteten, integrativen Förderns und Forderns hat selbstredend gewisse Konsequenzen für Sozialform und Methode des Unterrichts, denn eine Überbetonung einer der drei Grundformen (im Regelfall ja der dritten) macht eine sinnvolle und umfassende Förderung ziemlich unmöglich. Gefordert ist daher (nicht nur) aus der Sicht des zielgerichteten, integrativen Förderns und Forderns die Ausbalancierung der drei Grundformen:

In der Sozialform des Klassen-(Frontal-)Unterrichts und der Methode des fragend-entwickelnden Unterrichtsgesprächs sind individuelle Fördermaßnahmen im Regelfall ausgeschlossen – Defizite (und Stärken) können allenfalls in der Lerngruppe und für diese insgesamt bearbeitet werden.

In der Kleingruppenarbeit sind Förder- und Fordermaßnahmen dagegen jederzeit möglich: in leistungshomogenen Gruppen durch entsprechende Pläne, in leistungsheterogenen auch durch ein Tutorensystem, in dem stärkere Schüler den schwächeren helfen. Im individualisierten Unterricht hat jeder Schüler die Möglichkeit, seinen Lernprozess individuell zu gestalten. Er hilft dabei, dass der Schüler seine eigenen Stärken und Schwächen erkennt (Verantwortung für das eigene Lernen übernehmen). Der Lehrer hat die Möglichkeit, den Schüler zu beobachten und konkrete Hilfestellungen zu geben.

Fördermaßnahmen sind auch außerhalb des Regelunterrichts sinnvoll und durchführbar. Die bundesweite Tendenz zu Ganztagsschulen hat in den letzten Jahren die Möglichkeiten zur individuellen Förderung im Rahmen von Förderunterricht, Arbeitsgemeinschaften, Interessengemeinschaften usw. ganz erheblich erhöht.

Förderpläne:
Förderpläne sind ein diagnostisches Planungs- und Reflexionsinstrument. Sie enthalten Ziele für die individuelle Förderung und sind die Grundlage für unterrichtliches Handeln.
Jeder Förderplan enthält
1. als Grundlage
   - eine Analyse der Lernvoraussetzungen,
   - Hypothesen zur Verursachung der Lernschwierigkeiten (Achtung: Konzept der multiplen Ursachen bei Lernproblemen),
   - Förderschwerpunkte,
   - fachliche Leistungen.

2. Vereinbarungen über:
   - die zu erreichenden Ziele der individuellen Förderung,
   - Bedingungen, die verändert werden müssen,
   - Hilfen, Unterstützung und Beratung,
   - didaktisch-methodische Hinweise zum Erreichen der Ziele,
   - Möglichkeiten der Realisierung der Fördermaßnahmen,
   - die Art der Überprüfung der erreichten Ziele.

Die Förderpläne werden vom Fachlehrer – zielgerichtet auf die Unterrichtseinheit – entwickelt. Sollen nicht nur fachliche und fachspezifische Methoden und Arbeitstechniken gefördert werden, dann ist die Zusammenarbeit mit dem Klassenlehrer und/oder anderen Lehrkräften sinnvoll.

Manchmal ist es auch notwendig, dass „ein Blick von außen" auf den Lern- und Förderplan neue Perspektiven aufzeigt. So kann der Sozialpädagoge, der Sonderpädagoge oder der Schulpsychologe eventuell wertvolle Hilfestellungen bieten. An manchen Schulen wird auch über den Einsatz eines Lernberaters diskutiert, der gemeinsam mit den Lehrern geeignete Fördermaßnahmen entwickeln und damit zur Entwicklung von Unterricht beitragen könnte.

Förderpläne dienen auf keinen Fall der Kontrolle, sondern immer der Verbesserung des Unterrichts und des individuellen Lernens und verbessern damit den Lernerfolg der Schüler. Förderpläne stellen Arbeitsunterlagen im alltäglichen pädagogischen Prozess dar und bilden die Grundlage zur Kommunikation zwischen Lehrern, Schülern und Eltern.

Förderpläne enthalten verbindliche Absprachen zwischen Lehrer und Schüler (und den Eltern). Sie sollten nicht mehr als ein bis drei Aspekte auf höchstens einer Seite umfassen und sich auf das Wesentliche konzentrieren. Sie gelten im Regelfall für den Zeitrahmen einer Unterrichtseinheit, eines Projektes oder einer in sich abgeschlossenen schulischen Einheit. So ist der Zeitrahmen insbesondere für die Schüler überschaubar.

Der zu fördernde Schüler (eventuell auch die Eltern) sollte so weit wie möglich an der Erstellung des Förderplans beteiligt sein. Denn wenn der Schüler den Nutzen nicht einsieht oder sich gar verweigert, ist die Maßnahme von vornherein zum Scheitern verurteilt. Förderpläne sind eine gezielte Lernhilfe für den Schüler, damit er dem Unterricht prozess- und inhaltsbezogen folgen kann und möglichst viel versteht.

Eine Variante, mit der wir gute Erfahrungen gemacht haben, ist folgende: Zunächst erstellt der Schüler selbst von sich ein individuelles Schülerbild, einen Schülersteckbrief oder ein Schülerporträt. Dies können die Eltern und Lehrer aber auch Mitschüler, Freunde oder andere Personen – je nach Wünschen des Schülers – ergänzen.

Wird das Porträt mit Eintritt in eine Schulform angefertigt, kann es über viele Jahre hinweg aktualisiert werden. Es wird im Portfolio gesammelt und bildet eine wichtige Grundlage für den Schüler, seine Schul- bzw. Lernlaufbahn nachzuvollziehen.

Der nächste Schritt ist der individuelle Lernplan und der damit verbundene Förderplan, in dem Maßnahmen aufgezeigt und Perspektiven für den Schüler entwickelt werden. Dieser Förderplan wird am Ende einer Einheit gemeinsam mit dem Schüler evaluiert und gegebenenfalls bei einer nächsten Einheit fortgeführt. Hinweise und Maßnahmen sollten stets schriftlich fixiert werden. Auch alle Förderpläne werden im Portfolio des Schülers aufbewahrt und geben die Lernentwicklung des Schülers wieder.

Beispiele und Kopiervorlagen für Lern- und Förderpläne sowie für Fördermaßnahmen außerhalb des Regelunterrichts finden Sie im Abschnitt 7.4.

6. Ebene: Lernkontrakte und Arbeitsbündnisse als Fundament des selbstverantwortlichen Lernens

Als dritten und letzten Schritt haben wir Arbeitsbündnisse mit den Schülern geschlossen. In schriftlichen Vereinbarungen – den Lernkontrakten – zwischen dem Schüler, eventuell seinen Eltern und dem Lehrer werden einzuhaltende Maßnahmen, Regeln, mögliche Lernwege und Ziele über einen verabredeten Zeitraum aufgeführt.

Selbstverantwortliches Lernen als Ziel des schulischen Bildungsprozesses bedingt auf Schülerseite, die eigene Lernentwicklung als individuelle Leistung, als persönlichen Erfolg und nicht zuletzt auch als Verpflichtung sich selbst gegenüber zu begreifen. Auch wenn der Begriff „Verpflichtung" an dieser Stelle manchem Leser zu streng, zu formal oder zu zwanghaft klingt, ist die möglichst präzise Fixierung von Lernvorgaben und -erfolgen unbedingt notwendig, damit die Schüler die Erfahrung machen können, dass sie über eigenes Potenzial verfügen!

In einem Lernkontrakt oder Arbeitsbündnis geht es daher um die möglichst genaue Erstellung eines persönlichen Kompetenzprofils, das eben nicht nur die jeweiligen Defizite auflistet (das wäre schlicht demotivierend), sondern die persönlichen Lernmuster und Verhaltensweisen analysiert und das darauf aufbauend die passenden Lernstrategien entwickelt. Die Schüler haben so die Chance, eigene Stärken in allen Lernbereichen – individuell, sozial, kognitiv, berufsbezogen usw. – zu erkennen und intrinsische Motivation zu entwickeln, im Übrigen ein Prozess, der mit dem Ende der Schulzeit keineswegs abgeschlossen ist, im Gegenteil: Das primäre Motto für die Qualifikation auf dem Arbeitsmarkt lautet ja bekanntermaßen „lebenslanges Lernen".

Der Formulierung von Zielen kommt in diesem Prozess eine besondere Bedeutung zu, denn zielloses Lernen ist unbefriedigend und demotivierend und führt im besten Fall zu extrinsisch motiviertem Pauken, z. B. für die nächste Klassenarbeit. Die schulische Realität zeigt häufig, dass Schüler sich über ihre Ziele (noch) überhaupt nicht im Klaren sind. Mit der Formulierung realistischer, erreichbarer Ziele in einem Lernkontrakt, einer Lernvereinbarung oder in einem Arbeitsbündnis erfahren die Schüler Sinn und Nutzen von Zielen:

● Ziele konzentrieren die Leistung in eine Richtung und lenken dabei den Blick auf erreichbare Ergebnisse.
● Sie bändigen so den „inneren Schweinehund", wirken „Ablenkern" und „Zeitdieben" entgegen.
● Ziele ermöglichen selbstverantwortliches Lernen ohne Druck von außen.
● Eine klare Zielformulierung (und eventuell die Festlegung von Zwischen- und Teilzielen) lässt jeden Fortschritt deutlich sichtbar werden.
● Ziele verleihen dem Lernprozess einen Sinn.

Selbstverantwortliches Lernen und Teamfähigkeit bedingen einander. Teamfähigkeit setzt die Fähigkeit voraus, die eigenen Stärken einschätzen und einsetzen zu können und die eigenen Schwächen zu kennen, und es bedeutet, die anderen in einem Team wahrnehmen zu können.

Dies üben die Schüler, indem sie sich ihre eigenen Lernziele setzen und ihre individuellen Lern- und Förderpläne planen. Durch regelmäßige Beratungen seitens der Lehrer wird eine Ausgewogenheit aller Lernbereiche angestrebt. Die Schüler schaffen sich selbst im Team die Regeln im Umgang miteinander und sorgen dafür, dass diese eingehalten werden. Durch das selbstverantwortliche Lernen und Arbeiten sammeln die Schüler frühzeitig wichtige Erfahrungen:

● Einschätzung der eigenen Leistungsfähigkeit,
● Zeitplanung,
● Setzen realistischer Ziele,

- Frustrationstoleranz,
- Kooperationsfähigkeit,
- Kommunikationsfähigkeit,
- Selbstdisziplin.

Die Schüler lernen in Projekten, die fachspezifisch oder fachübergreifend sein können. Sie finden Inhalte, Ziele und Lösungen selbstbestimmt und gemeinsam mit anderen. Dabei erwerben sie formelles, kognitives Wissen ebenso wie emotionale, soziale, kreative und praktische Kompetenz.

Die Schüler finden ihr eigenes, ihrem persönlichen Entwicklungsstand entsprechende Lerntempo. Fehler sind erwünscht, denn nur so können die Schüler eigenständige Problemlösungen entwickeln (Monitoring). Wichtige Aspekte des selbstverantwortlichen Lernens sind:

- eine veränderte Rolle der Schüler, die mehr und mehr selbst Verantwortung für ihr Lernen übernehmen und es auch selbst steuern;
- eine neue Rolle der Lehrer, die zu Moderatoren, Coaches und Lernbegleitern werden;
- der Einsatz vielfältiger Methoden und Medien, die den Schülern eigenaktives und selbstverantwortliches Lernen ermöglichen;
- die Nutzung vielfältiger Lernorte, indem außerschulische oder auch virtuelle Räume als Lernräume genutzt werden;
- das Wissen um und die Anwendung von individuellen Lernstrategien.

Dadurch wird eine Transparenz von Wegen und Zielen hergestellt, die Eigenverantwortung der Schüler wird gestärkt, Lernwege werden bewusst gemacht und Lernergebnisse reflektiert.

Beispiele zu Lernkontrakten/Lernvereinbarungen und Arbeitsbündnissen finden Sie im Abschnitt 7.5. Die abschließende Mindmap zeigt die unterschiedlichen Dimensionen bei der Formulierung von Lernkontrakten/Arbeitsbündnissen (siehe S. 54).

Tipps und Anregungen zu Lernvereinbarungen verdanken wir Margrit Liedtke-Schöbel („KOMPRO LERNEN – Das eigene Lernen entwickeln", Arbeitshilfe für die Lehrerfortbildung, Hamburg 2006).

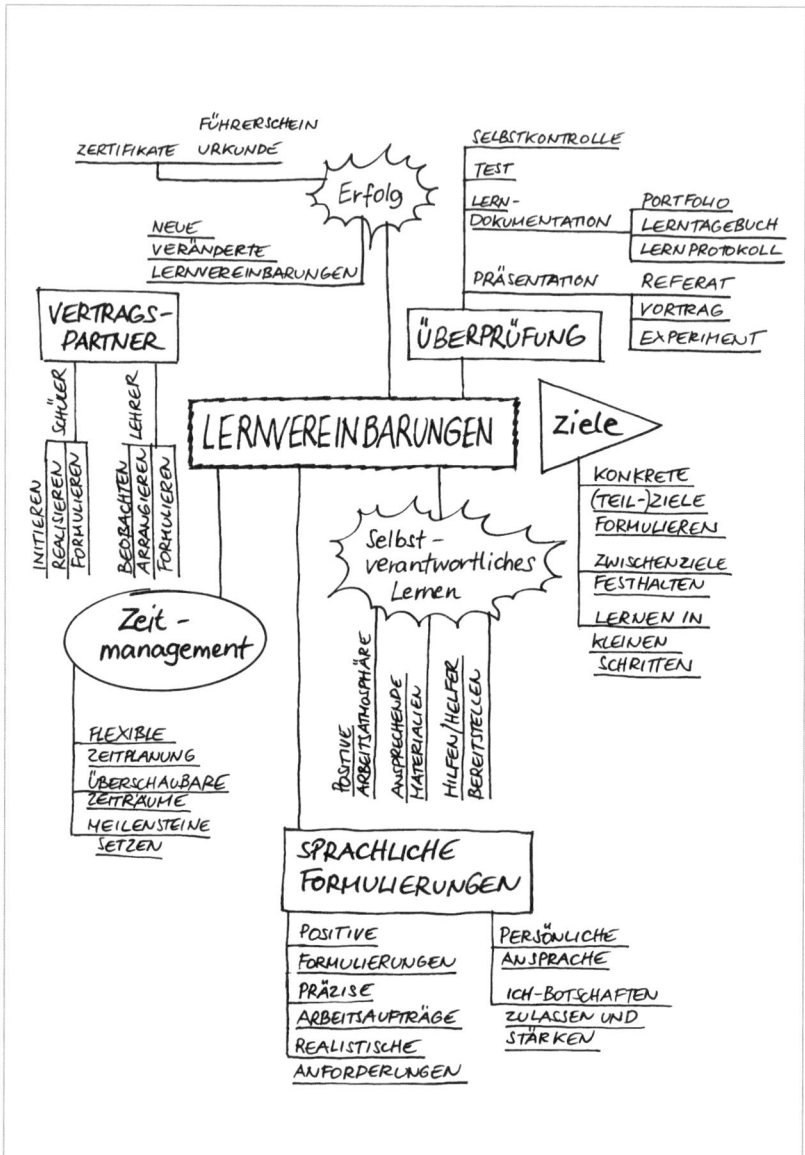

Mindmap zu „Lernvereinbarungen"

3. Das Lehrerkapitel: Diagnosekompetenz

3.1 Entwicklung der Diagnosekompetenz von Lehrern

Diagnosekompetenz bezeichnet die Fähigkeit von Lehrerinnen und Lehrern, nach festgelegten Kriterien angemessene Urteile über das Lern- und Leistungsverhalten ihrer Schüler abzugeben. Diagnosekompetenz ist insbesondere für die Förderung lernschwacher Schülerinnen und Schüler nötig. Umfassende Berichte zum Stand der Forschung zum Diagnostizieren und zur Diagnosekompetenz von Lehrerinnen und Lehrern finden sich bei Wild/Krapp (2001) und Helmke (2003, S. 84–104).

In mehreren Studien wurde festgestellt, dass deutsche Lehrerinnen und Lehrer nur sehr begrenzt in der Lage waren, die durch PISA gemessenen Lesekompetenzen ihrer Schülerinnen und Schüler einzuschätzen.

Lehrer neigen zu dem Urteil, dass sie ihre Schüler selten oder nie unterfordern. Schülerurteile zum selben Lehrer stehen zum Teil in krassem Gegensatz dazu (Helmke 2003, S. 95). Andreas Helmke zeigt allerdings Verständnis für die Lehrer und fragt, ob es realistisch und angemessen sei, bei Lehrer-Diagnoseurteilen die gleichen Gütekriterien der Objektivität, Reliabilität und Validität anzulegen wie bei empirischen Forschungsvorhaben (2003, S. 89). Er zitiert Weinert/Schrader (1986, S. 18 f.):

„Lehrerdiagnosen während des Unterrichts brauchen ... keineswegs besonders genau zu sein, wenn sich der Diagnostiker der Ungenauigkeit, Vorläufigkeit und Revisionsbedürftigkeit seiner Urteile bewusst ist. (...) Wichtig allein ist eine ungefähre Diagnose des Lehrers und ihre permanente Überprüfung im Verlauf des Unterrichts. (...) Lehrerdiagnosen müssen sich nicht durch neutrale Objektivität, sondern durch pädagogisch günstige Voreingenommenheiten auszeichnen." Helmke kommentiert weiter: „Es ist pädagogisch klug, das Ausmaß der Leistungsunterschiede zwischen den Schülern einer Klasse maßvoll zu unterschätzen und die Leistungsfähigkeit jedes einzelnen Schülers maßvoll zu überschätzen."

Schrader/Helmke (1987) konnten nachweisen, dass diagnostische Kompetenz allein – welch Wunder – nicht ausreicht, um bei den Schülern deutliche Lernerfolge auszulösen. Die Fähigkeit zum klaren Strukturieren des Unterrichtsverlaufs muss hinzukommen:

„Ist die diagnostische Kompetenz hoch *und* werden viele Strukturierungshilfen gegeben, ist das für den Lernerfolg (Leistungssteigerung im Fach Mathematik) optimal. Dagegen ist die Koppelung von Strukturierungshilfen mit unterdurchschnittlicher diagnostischer Kompetenz ungünstig, und als fatal stellte es sich heraus, wenn trotz vorhandener diagnostischer Kompetenz (= gute Orientierung über Leistungsunterschiede zwischen den Schülern) keine didaktischen Förder- und Strukturierungsmaßnahmen ergriffen wurden" (Helmke 2003, S. 93).

3.1.1 Subjektive Diagnose im pädagogischen Alltag

Wer individuell fördern und fordern will, muss im Vorfeld klären, welche Diagnosekompetenzen er dazu braucht und wer und was zur Entwicklung dieser Kompetenzen beitragen kann.

> „Diagnosekompetenz bezeichnet die Fähigkeit der Lehrenden, nach festgelegten Kriterien angemessene Urteile über das Lern- und Leistungsverhalten ihrer Schüler abzugeben." (Meyer 2004, S. 100)

In der Ausbildung sowohl an der Universität als auch im Referendariat werden Lehrer kaum mit dem Prozess des Diagnostizierens konfrontiert. Lediglich bei den Sonderpädagogen gehört diese Disziplin zum festen Bestandteil der Ausbildung. Dennoch diagnostiziert jeder Lehrer permanent während des Unterrichts – allerdings häufig, ohne sich dessen überhaupt bewusst zu werden. Diese „subjektive Diagnose" basiert auf hochautomatisierten und -schematisierten Zustands-, Veränderungs- und Diskrepanzbeobachtungen. Sie ist im Regelfall nicht absichtlich und kontrolliert sowie schon gar nicht wissenschaftlich evaluiert, sondern ergibt sich aus routiniertem Registrieren und Vergleichen von subjektiv bedeutsamen Merkmalen. Dieser permanente subjektive Diagnoseprozess vollzieht sich hauptsächlich während des nach wie vor dominierenden Frontalunterrichts und der Methode des fragend-entwickelnden Unterrichtsgespräches, ist aber in weniger ausgeprägter Form auch in anderen Sozialformen und Unterrichtsmethoden vorhanden.

Diese hochautomatisierten Routinen erkennt man zum Beispiel:

- bei der spontanen Reaktion auf körpersprachliche Signale der Schüler (Mimik: interessiertes, verständnisloses Gesicht, Gestik: zustimmendes Kopfnicken, Kopfschütteln, Gesten der Hilflosigkeit oder Überforderung usw.),
- bei eigenem Nachfragen: von der bewussten und gezielten Lehrernachfrage über knappe Abfragen wie „kapiert?" bis zu angehängten Phrasen wie „nicht wahr", „klar", „ne" usw.,
- beim Unterbrechen mitten in einem Satz oder einer Aussage (z. B. in einem kurzen Lehrervortrag) und beim spontanen Umformulieren der „Restinformation" in eine Lehrerfrage,
- indem man einzelne Schüler nach vorne kommen lässt, um das eben Erklärte zu wiederholen, an der Tafel zu erläutern, vorzurechnen.

Auch der sogenannte „Flurfunk" unterstützt das unsystematisch-zufällige Diagnostizieren, wir nehmen an, dass er im Lehreralltag ausgesprochen wirkungsvoll ist (siehe dazu S. 58).

„Die 8c? Das ist ja wohl das Schlimmste, was ich bisher erlebt habe! Die sind alle frech und faul – und mindestens die Hälfte gehört nicht hierher."

Jeder Klasse eilt ein bestimmter Ruf voraus. Entweder gilt sie als
- leistungsstark oder leistungsschwach,
- lieb und nett oder frech und faul.

Manche Lerngruppen werden auch als „Bikiniklassen" bezeichnet: oben ein bisschen, unten ein bisschen und in der Mitte nichts. Dieses Bild setzt sich aus den unterschiedlichen Vorstellungen und Erwartungen der Lehrer, aus ihren Erfahrungen mit den entsprechenden Eltern und nicht zuletzt aus Pausenstörungen zusammen: „Deine haben schon wieder! Kannste nicht mal ... Da muss sofort eine Klassenkonferenz einberufen werden."

Aber auch den Lehrern eilt ein bestimmter Ruf voraus. Generationen von Schülern und Eltern haben es selbst erlebt, von anderen gehört oder kennen jemanden, der das gehört hat. Erzählungen älterer Schüler, Artikel in Schüler- oder Abizeitungen und Gerüchte tragen zum Ruf eines Lehrers bei.

Es ist sicher von Vorteil, wenn der eigene Ruf geprägt ist von
- Konsequenz (was der sagt, das tut er auch),
- Gerechtigkeit (hart, aber gerecht),
- Offenheit, Ehrlichkeit (dem kann man vertrauen).

Vor Kumpeligkeit sollte man sich hüten, sie wird schnell unglaubwürdig, und vor allem jüngere Schüler können nur schwer damit umgehen.

Beispiele für „Flurfunk" in der Schule

Unter der komplexen Unterrichtssituation gibt es keine analytische (und schon gar keine wissenschaftlich sauber evaluierbare) Trennung von Unterrichtsplanung, -durchführung und subjektiver Diagnostik – im Gegenteil werden diese Bereiche permanent eng miteinander verknüpft (und zudem noch durch weitere Handlungsnotwendigkeiten eingerahmt: Unterbindung von Störungen und Disziplinlosigkeiten, classroom-management, Bedienen von Medien usw.). Um vom subjektiven zum pädagogisch „objektiven" Diagnostizieren zu gelangen, ist aber genau diese bewusste Trennung, das gezielte und überprüfbare Training des eigenen diagnostischen Wissens und Könnens vonnöten, denn subjektive und objektive Diagnosen haben identische Ziele:

- Optimale individuelle Förderung und Forderung der Lernenden zur Erweiterung ihres Wissens, ihrer Fertig- und Fähigkeiten;
- Anpassung der Lehr- und Lerninhalte und der schulischen pädagogischen Angebote an die Lernenden unter Bezugnahme auf ihre Lernvoraussetzungen;
- Planung und Durchführung situationsbedingter schülerrelevanter Möglichkeiten zum Defizitabbau;
- Unterrichtsentwicklung in Bezug auf differenzierte Angebote für die Schüler im regulären Unterricht, um eine optimale Passung der Angebote an die Lernausgangslage von Lernenden zu erreichen (sei es durch innere oder äußere Differenzierung);
- Schul- und Berufslaufbahnorientierung;
- Schulentwicklung und damit Profilbildung und die fachspezifische Schwerpunktsetzung eines Systems.

Ein konkretes Beispiel für einen Diagnosezyklus finden Sie im Abschnitt 3.4 (Seite 66 – 74).

3.1.2 Weitere Ausbildung der Diagnosekompetenz

Lehrerinnen und Lehrer, die kompetent diagnostizieren wollen, sollten zudem über einige Grundkenntnisse verfügen, die über den engeren fachdidaktischen Rahmen ihrer jeweiligen Fächer hinausgehen. Die Feststellung der fachlichen Schwächen und Stärken jedes Schülers bildet das Rückgrat der Diagnose, liefert aber für sich allein noch keinen hinreichenden Erklärungsansatz für besondere Begabungen. Ganz ohne Psychologie geht es also nicht:

- Vorteilhaft sind Grundkenntnisse im Bereich der Entwicklungspsychologie, insbesondere zu altersspezifischen Entwicklungsstörungen.
- Ebenfalls notwendig ist ein grundlegendes Verständnis darüber, wie Versagensängste einen Schüler an der Entfaltung seiner Kompetenzen behindern können.

● Basiswissen über Entwicklungsrisiken und mögliche Schutzfaktoren in
  Schule, Familie und Gesellschaft sollten ebenfalls vorhanden sein.

Lernentwicklungsmodelle sind nicht identisch mit der fachwissenschaftlichen
Sach- oder Gegenstandsstruktur. Es handelt sich um Erfahrungsmodelle, die
entwicklungspsychologisch klären, in welchen Schritten und Etappen reguläre
Aneignungsprozesse bei den Lernenden verlaufen. Dazu kommt das fachdidaktische Wissen darüber, welche Vorkenntnisse für einzelne Lernschritte
erforderlich sind.

(Fach-)Didaktiken klären das, was die Schüler lernen sollen, auf allgemein
gesellschaftlicher und auf fachlicher Ebene, ohne den Blick auf den einzelnen
Schüler und seine spezifischen Lernvoraussetzungen richten zu können. Lernentwicklungsmodelle für die einzelnen Schulfächer beschreiben den möglichen
Lernweg einschließlich eventueller Störungen sowie der Anzeichen, in denen
sich solche Störungen manifestieren. Für das pädagogische Diagnostizieren
sind fundamentale Kenntnisse aus beiden Bereichen hilfreich. Die Schaubilder
auf den folgenden Seiten zeigen die Dimensionen und den Zykluscharakter
dieses Prozesses.

Individuelles Lernen optimieren
Lernende/Lehrende

Lernvoraussetzungen	Rahmenbedingungen
– fachlich/inhaltlich	Lernumfeld
– methodisch/strategisch	– Menschen
– sozial/kommunikativ	– Zeiten
– entwicklungsspezifisch	– Räume
	Bildungsstandards

Ziele
– Kerncurricula
– Schulcurricula
– Themenpläne
– Lernpläne
– Lernvereinbarungen

↓

Planmäßig
differenzierte Lehr-/Lernprozesse
– individualisiert
– kooperativ
– gemeinsam
Basis:
– Kerncurricula
– Schulcurricula

↓

Lernergebnisse
– dokumentieren
– analysieren
– diskutieren
– reflektieren
– evaluieren
Was kann ich?
Wie geht das?

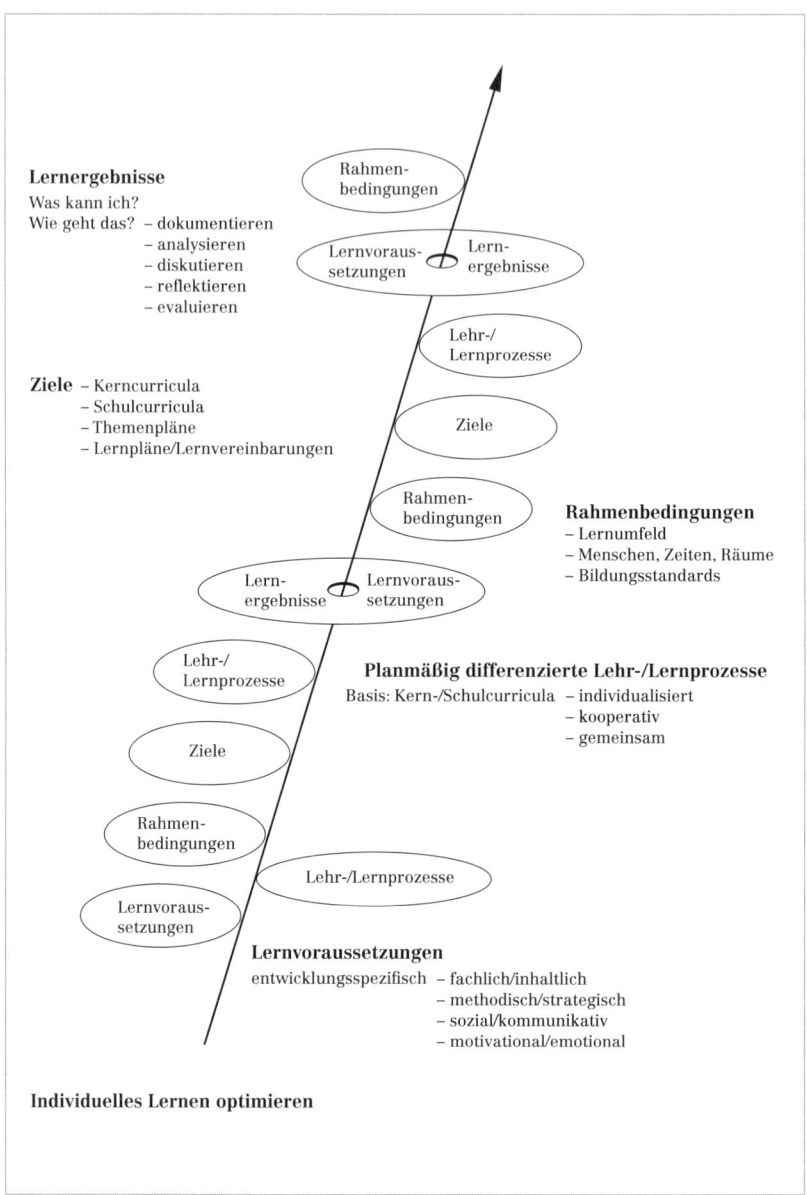

Lernergebnisse
Was kann ich?
Wie geht das? – dokumentieren
              – analysieren
              – diskutieren
              – reflektieren
              – evaluieren

Ziele – Kerncurricula
       – Schulcurricula
       – Themenpläne
       – Lernpläne/Lernvereinbarungen

Rahmen-
bedingungen

Lernvoraus-
setzungen

Lern-
ergebnisse

Lehr-/
Lernprozesse

Ziele

Rahmen-
bedingungen

Lern-
ergebnisse

Lernvoraus-
setzungen

Rahmenbedingungen
  – Lernumfeld
  – Menschen, Zeiten, Räume
  – Bildungsstandards

Lehr-/
Lernprozesse

Ziele

Planmäßig differenzierte Lehr-/Lernprozesse
Basis: Kern-/Schulcurricula – individualisiert
                              – kooperativ
                              – gemeinsam

Rahmen-
bedingungen

Lehr-/Lernprozesse

Lernvoraus-
setzungen

Lernvoraussetzungen
entwicklungsspezifisch – fachlich/inhaltlich
                           – methodisch/strategisch
                           – sozial/kommunikativ
                           – motivational/emotional

Individuelles Lernen optimieren

3.2 Wirkung von Diagnosekompetenz

Alle empirischen Studien, die sich mit der Lernleistung von Schülern beschäftigen, bestätigen eines eindeutig: Eine verbesserte Diagnosekompetenz der Lehrer führt zu einer Verbesserung der Lernleistungen aller Schüler. Wie die Diagnosekompetenz von Lehrern grundsätzlich entwickelt und gefördert werden kann, haben wir im letzten Abschnitt beschrieben. Es bleiben aber noch zwei weitere wichtige Fragen:

- Wie kann die Diagnosekompetenz fruchtbar gemacht werden für den Unterricht?
- Wie können pädagogische Diagnosen dazu beitragen, den gesamten Unterrichtsprozess zu verbessern?

Pädagogische Diagnosen vollziehen sich nicht im luftleeren Raum, sondern es müssen verschiedene Grundvoraussetzungen auf Lehrerseite gegeben sein:

1. Der Lehrer, der kompetent diagnostizieren will, kennt unterschiedliche Diagnoseinstrumente, die für die alltägliche pädagogische Praxis entwickelt worden sind.
2. Er ist in der Lage, eine Auswahl der vorhandenen Instrumente nach bestimmten Kriterien zu treffen – entsprechend den zu bearbeitenden Problemen.
3. Er kann die Diagnoseinstrumente richtig und problemorientiert einsetzen.
4. Er ist in der Lage, aus den Diagnoseergebnissen schlüssige Hypothesen aufzustellen und entsprechende Ziele zu prognostizieren.
5. Er weiß, welche Fördermaßnahmen auf Diagnose und Hypothese folgen müssen.
6. Er setzt die Fördermaßnahmen in entsprechende Förderpläne für den Schüler um.
7. Er klärt im Vorfeld, welche Ressourcen für Fördermaßnahmen an seiner Schule zur Verfügung stehen, und sucht bei Bedarf nach außerschulischen Anbietern.
8. Er evaluiert die Fördermaßnahme und variiert gegebenenfalls den Förderplan.

Wenn das pädagogische Diagnostizieren unter diesen Rahmenbedingungen stattfindet, wird der Prozess die folgenden Ziele erreichen:

Lernstandsdiagnose
Pädagogische Diagnosen beschreiben umfassend den Lernstand eines Schülers, machen ihn transparent und bilden die Grundlage für die Entwicklung individueller Lernstrategien.

Passgenauigkeit
Pädagogische Diagnosen stellen die Lernvoraussetzungen der Schüler fest und passen die Lernangebote im Unterricht diesen Voraussetzungen an.

Grenzziehungen
Pädagogische Diagnosen zeigen die Grenzen des individuellen Leistungsvermögens auf – im positiven wie im negativen Sinne.

Lernstörungen
Pädagogische Diagnosen erkennen Lerndefizite und Lernstörungen und entwickeln daraus individuell angemessene Fördermaßnahmen.

Lernbegabungen
Pädagogische Diagnosen erkennen besondere Lernbegabungen und fördern und fordern diese angemessen.

Ein Beispiel:
Der Schüler Michael fällt im Mathematikunterricht immer wieder dadurch auf, dass er keine Hausaufgaben gemacht hat, dass er sich nicht vorbereitet und dass er für entsprechende Leistungskontrollen nicht übt. Ein Gespräch mit allen beteiligten Lehrern und den Eltern ergibt ein unklares Bild: Einige Kollegen halten Michael für faul und wenig zielstrebig, andere sind mit seinen Leistungen recht zufrieden, und die Eltern bemängeln allenfalls, dass Michael zu Hause wenig für die Schule arbeite.

Der Vorwurf von Lehrern Schülern gegenüber, sie seien „von Natur aus faul", ist wahrscheinlich so alt wie die Schule selbst, wird dadurch aber nicht richtiger. Woran es bei Michael wirklich hapert, stellt sich erst nach genauerer Diagnose mithilfe eines fachspezifischen Tests in Mathematik und durch ein gemeinsames Gespräch heraus: Ihm fehlen grundlegende Rechenfertigkeiten, weshalb er nicht in der Lage ist, den anspruchsvolleren Inhalten zu folgen, da er, selbst wenn er sich bemüht, die Aufgaben nicht lösen kann.

Wir interpretieren die Situation, die wir sehen: Michael arbeitet nicht. Wir haben die Vorstellung im Kopf: Wer nichts tut, ist faul. Dass dies nicht zwangsläufig so sein muss, dass es andere Erklärungsmodelle geben könnte, kann uns nur dann auffallen, wenn wir diese Modelle auch kennen und wenn wir entsprechendes Hintergrundwissen haben. Erst dann sind wir in der Lage, sensibel zu beobachten und zu diagnostizieren. Subjektive Beobachtung und Vermutungen können gezielt in Hypothesen formuliert werden, die für den jeweiligen Schüler passgenau und relevant sind.

3.3 Gütekriterien

Objektivität

In der positivistischen Philosophie wurde der Begriff Objektivität zugunsten des in unserem Zusammenhang passgenaueren Begriffs Intersubjektivität aufgegeben: Intersubjektive Überprüfbarkeit meint, dass unterschiedliche Forscher zu unterschiedlichen Zeiten in unterschiedlichen Räumen zu gleichen Ergebnissen kommen, vorausgesetzt, die experimentellen Bedingungen sind vollkommen identisch. Nun ist eine völlige Identität von Versuchsbedingungen allenfalls in Teilen der Naturwissenschaft, keineswegs aber im pädagogischen Bereich herstellbar. Schon der Begriff Experiment ist für den pädagogischen Kontakt von Lehrern und Schülern völlig unangemessen. Dennoch gilt es, den grundsätzlichen Anspruch im Auge zu behalten: Pädagogisch objektiv ist ein Ergebnis oder ein Urteil dann, wenn verschiedene Lehrer zu identischen oder zumindest möglichst ähnlichen Resultaten gelangen.

> Praktische, handlungsleitende Konsequenz:
> Pädagogische Diagnosen können von einzelnen Kollegen erstellt werden, bedürfen aber der kritischen Erörterung im Team.

Reliabilität

Reliabilität bedeutet Zuverlässigkeit und Stabilität. Die Reliabilitätskontrolle, die die Wissenschaft vorschlägt, ist leider im schulischen Alltag recht aufwändig bzw. kaum zu realisieren: „Reliabel ist ein Urteil dann, wenn es sich – vorausgesetzt, das zu beurteilende Schülermerkmal bzw. die Schülerleistung ist im Zeitverlauf stabil geblieben – bei wiederholten Beurteilungen nicht ändert. Probe aufs Exempel: Wiederholte Korrektur und Bewertung der gleichen Serie von Arbeiten (Aufsätze, Klassenarbeiten, Hausarbeiten) einige Monate später" (Helmke 2003, S. 87). In Bezug auf die Leistungsbewertung ist das arbeitstechnisch wohl kaum zu realisieren. Das pädagogische Diagnostizieren ist von seinem Anspruch aus ohnehin prozessorientiert, eine gewisse Reliabilität daher von vornherein intendiert.

> Praktische, handlungsleitende Konsequenz:
> Zu beurteilende Schülermerkmale müssen in regelmäßigen Abständen auf ihre Konstanz bzw. Veränderung hin überprüft werden.

Validität

Validität bedeutet Gültigkeit: Ein Diagnoseverfahren ist dann gültig, wenn es die zu messenden Merkmale exakt misst und nichts anderes und sich das Urteil auch tatsächlich auf das bezieht, was diagnostiziert werden sollte. Helmke gibt ein anschauliches Beispiel: „Tests werden oft unter Bedingungen des Zeitdrucks durchgeführt, und die Testleistung kann massiv von individuellen Besonderheiten beeinflusst sein: beispielsweise negativ von akuter Leistungsangst oder positiv von Testschlauheit" (Helmke 2003, S. 88). Gemessen wird also nicht das, was eigentlich Ziel der Prüfung war, z. B. Vokabelkenntnisse.

Praktische, handlungsleitende Konsequenz:
Derjenige, der pädagogisch diagnostiziert, muss sich möglichst weitgehend darüber Rechenschaft ablegen, ob seine Diagnose nicht von Vorurteilen oder Fehlerquellen beeinflusst wird und sich tatsächlich auf die zu erhebenden Items bezieht.

3.4 Verbesserung der Diagnosefähigkeit: ein Beispiel

Unser Beispiel bezieht sich auf eine niedersächsische Gymnasialklasse zu Anfang der siebten Klasse und auf das Fach Deutsch, lässt sich aber leicht auf alle Bundesländer, Jahrgänge, Schulformen und Fächer übertragen. Bei der praktischen Durchführung, die wir hier beschreiben, haben wir uns angelehnt an einen Vorschlag von Andreas Helmke (2003, S. 99 ff.). Die Idee, die dahintersteckt, lässt sich mit dem Satz „Keine Verbesserung, kein Training ohne eine vorherige Diagnose" (ebd.) beschreiben:

Helmke schlägt vor, sich – insbesondere dann, wenn man im pädagogischen Diagnostizieren noch Neuling ist – auf einen deutlich identifizierbaren Teilbereich zu konzentrieren und zunächst nur für diesen Diagnosebereich Daten zu erheben.

Zu Beginn der siebten Klassen gibt es in niedersächsischen Schulen fast immer einen kompletten Lehrerwechsel, sodass die Schüler für fast alle Kollegen noch unbekannt sind. Der Deutschlehrer G. beschließt daher, die Leistungen im Bereich der Lesekompetenz, die ja für alle Schulfächer eine gewisse Metafunktion hat, zu diagnostizieren und sich dabei auf den Bereich „Texterschließung fiktionaler und pragmatischer Texte" zu konzentrieren. Als ausgesprochen hilfreich erweist sich ein Blick in die verbindlichen „Curricularen Vorgaben Deutsch für das Gymnasium Schuljahrgänge 5/6", in denen die einzelnen Kompetenzen, über die Schüler am Ende des Jahrganges 6 verfügen müssen, exakt aufgelistet sind:

Verbindliche Kompetenzen und Inhalte	Hinweise
Texterschließung fiktionaler und pragmatischer Texte	
– Annäherungen an den Text – Markieren und Gliedern	– den ersten Eindruck wiedergeben – Fragen an den Text formulieren – längere Texte in groben Zügen folgerichtig wiedergeben
– Inhaltliche Probleme	– wichtige Informationen entnehmen – Verhaltensweisen und Beweggründe der Personen, Charakterzüge, Lebensumstände, Konflikte, Lösungen – Zusammenhang zwischen Inhalt und Form eines Textes – Aufbau und Entwicklung der Handlung – Wortwahl, Satzbau, Bilder
– Inhalt und Intention altersgemäßer Texte erfassen	– Vergleich mit Verfilmung (z. B. von Märchen), Vertonung – Erzählperspektive, Kameraführung
– einfache Gattungsmerkmale der behandelten Textarten	– keine umfassende Systematik – Versmaß, Rhythmus, Reimformen, Enjambement
– gezielt Informationen aus Texten, Bildern, Tabellen und Grafiken entnehmen und mit eigenen Worten wiedergeben	✗ *fachübergreifender Austausch über Probleme bei der Texterschließung und Absprachen über Förderung der Lese- und Verstehenskompetenzen*
– analytische sowie handlungs- und produktionsorientierte Formen auch im selbstständigen Umgang mit Texten anwenden	
– Aussagen am Text belegen	– Textverweise, Zitate, Seiten- und Zeitangabe
– Reflexion außerschulischer Lektüre und Mediennutzung	

(Nds. Kultusministerium 2004, S. 13)

Auf der Basis dieser Anforderungen wird ein kurzer Test entwickelt, der eine Anzahl der genannten Kompetenzen überprüft. Der Test liefert die eigentlichen „harten" Daten und ist Grundlage der Diagnose. Er findet sich im Abschnitt 7.3 auf der S.135.

Helmke schlägt für den nächsten Schritt eine Art Eigendiagnose vor, der er eine besondere Bedeutung zumisst:

„Ihre persönliche Prognose: Noch vor der Erhebung der Leistungen, spätestens zur gleichen Zeit, sollten Sie unbedingt Ihre persönliche Prognose des mutmaßlichen Ergebnisses abgeben. Dies ist die eigentliche Pointe des Programms: Dadurch, dass Sie sich Ihre (in der Regel nur implizit vorhandene) Orientierung z. B. über Unterschiede zwischen verschiedenen Schülern oder zwischen der Schwierigkeit verschiedener Aufgaben bewusst machen und die darauf basierende Einschätzung explizit hinschreiben, gehen Sie den ersten Schritt in Richtung Sensibilisierung und Verbesserung" (Helmke 2003, S.99).

Im nächsten Schritt werden die erwarteten Ergebnisse mit den tatsächlich erzielten Testresultaten verglichen. Damit das Ganze nicht in eine Riesenarbeit ausufert (die Klasse hat immerhin 31 Schüler – eine heute in Niedersachsen übliche Größe!), werden die Auffälligkeiten, also die deutlichen Abweichungen nach unten und oben, registriert. Übrig bleiben auf diese Weise zwölf Schüler, die nach unten abweichen, sowie zwei Abweichungen nach oben. Die „normalen" Schüler, also diejenigen, die den Test mit den angemessenen und erwarteten Ergebnissen abgeschlossen haben, bleiben zunächst außerhalb des Aufmerksamkeitsfokus – dies wird sich später ändern, wenn Schüler wie Lehrer größere Routine und Erfahrung mit dem Diagnostizieren haben und die Schüler eventuell schon Fähigkeiten zur Eigendiagnose entwickeln können.

Die sorgfältige Analyse und Interpretation der vorgefundenen Diskrepanzen schließlich bildet den letzten Teil des Zyklus. Helmke schlägt vor, an dieser Stelle nicht mehr alleine weiterzuarbeiten, sondern die in der Klasse ebenfalls unterrichtenden Kollegen hinzuzuziehen. Bei dem hier beschriebenen Beispiel sind das drei Fachkollegen, die ein Langfach unterrichten, also Mathematik und die beiden Fremdsprachen.

Im Rahmen mehrerer Gesprächsrunden werden die einzelnen „auffälligen" Schüler in den Blickpunkt genommen und Ursachen ihrer vermuteten Leistungsmängel (oder besonderen Begabung) diskutiert. Als ausgesprochen hilfreich erweist sich dabei die Inanspruchnahme von drei weiteren Informationsquellen:

- Erörterungen mit den Kollegen, die die Klasse vorher unterrichtet haben, insbesondere mit dem früheren Klassenlehrer,
- Befragungen der Schüler selbst, die in offener und freundlichen Atmosphäre ohne jeglichen Verhörcharakter stattfinden,
- ebensolche Gespräche mit den Eltern.

Falls es sich um Schüler handelt, die schon Kontakt mit dem schulpsychologischen bzw. dem sozialpädagogischen Dienst haben, können und sollen selbstverständlich auch diese Fachleute herangezogen werden.

Insgesamt entstehen so sehr differenzierte Bilder der Schüler, die viele Ansätze zu einer gezielten Förderung und Forderung geben.

Fazit: Das alles klingt nach großem Aufwand, und wir geben offen zu, dass diese Arbeit – auch mit den oben beschriebenen Reduktionen – tatsächlich eine Menge Zeit gekostet hat, schon was die Terminabsprache für die Treffen anging. Eines muss aber ganz deutlich gesagt werden: Dieser Aufwand rentiert sich nicht nur im Bereich der Lernerfolge der Schüler, sondern trägt auch erheblich zur Erleichterung der weiteren Arbeit der Lehrer in dieser Klasse bei.

3.4.1 Diagnosezyklus

Diagnosezyklus (nach Helmke) zur Verbesserung der Diagnosekompetenz der Lehrerinnen und Lehrer:

Auswahl eines Schülermerkmals oder eines Satzes von Aufgaben

z. B. Lesekompetenz, Verständnis mathematischer Textaufgaben, Leistungsängstlichkeit, konkrete Aufgaben etc.

↓

Erhebung der tatsächlichen Schülerleistung bzw. des Merkmals

z. B. Tests, Fragebögen, einzelne Aufgaben etc. (Daten als Maßstab zur Berechnung der Genauigkeit der Einschätzungen)

↓

Persönliche Prognose

Wann? Vor der Erhebung der Leistungen, spätestens zur gleichen Zeit

Was? Prognose des mutmaßlichen Ergebnisses

Wie? Bewusstmachen der eigenen Orientierung

Wozu? Sensibilisierung, Verbesserung der Diagnosefähigkeit

↓

Vergleich zwischen Schätzung und empirischem Befund

Berechnung der Niveaukomponente: Differenz zwischen der mittleren Ausprägung des zur Debatte stehenden Schülermerkmals und der entsprechenden mittleren Einschätzung (persönliche Prognose)

↓

Analyse von Diskrepanzen

Suche nach Gründen für erwartungswidrige Ergebnisse: Diagnostisches Wissen (über Unterschiede in der Ausprägung bestimmter Schülermerkmale) wird mit Wissen über Ursachen solcher Unterschiede verknüpft

↓

Lernpläne

Lernvereinbarungen

4. Das Schülerkapitel: Lernkompetenz

4.1 Intelligenz, Begabung und Lernerfolg

Das Max-Planck-Institut für psychologische Forschung in München hat in einer Entwicklungsstudie gezeigt, dass Schulerfolg von weit mehr als dem Intelligenzkoeffizienten abhängt (Helmke/Weinert 1997b). Sicher sind kognitive Fähigkeiten ein wichtiges Merkmal für Erfolg, aber es lassen sich keine exakten statistischen Erklärungen oder Prognosen für den Schulerfolg abgeben (Helmke/Weinert, 1997a).

Nicht nur intellektuelle Funktionen führen zu Lernleistungen, sondern ebenso Schnelligkeit und Präzision des Denkens, die Fähigkeit zum Verallgemeinern und zu Schlussfolgerungen, die Kapazität des Kurzzeitgedächtnisses sowie das systematische Vorgehen beim Problemlösen.

Schulische Leistungen sind also nicht nur vom Intelligenzquotienten abhängig. Wir halten jede Form von kompensatorischer Förderung für notwendig und wollen Lernleistung nicht nur auf kognitive Faktoren reduzieren, sondern sehen insbesondere auch die Bedeutung emotionaler und sozialer Faktoren.

Einzelne Komponenten von Begabung wie Intelligenz, Interesse, Motivation, Fantasie, Ausdauer, Talent usw. hängen mit erbrachten Leistungen eng zusammen, sind aber keine notwendige Bedingung dafür. Fähigkeiten, Interesse, persönliche Motive und bedeutsame Themen reichen oft schon aus, um maximale Leistungen zu zeigen.

Die OECD-Studie von 2004 zeigt, dass Deutschland in Bezug auf das allgemeine Schulklima sowie die pädagogische Unterstützung der Schüler nicht gerade zu den Spitzenländern gehört und Nachbesserung vonnöten ist.

Mutzeck/Jogschies identifizieren drei „Schlüsselqualifikationen schulischen Lernens" (Mutzeck/Jogschies 2004, S. 17):

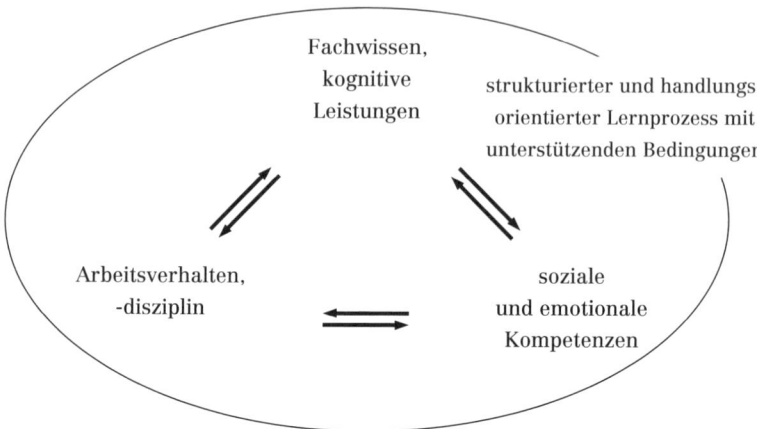

Sie fordern weiterhin: „In der Kind-Umwelt-Analyse sind auch die Kompetenzen, Stärken und Ressourcen eines Schülers und die individuellen, förder-
lichen, unterstützenden, die Gelingensbedingungen eines Lern- und Verhaltens-
prozesses festzustellen. Dabei sind neben den fachlichen Bedingungen (wie
Inhalt, Methode, Zeit, Hilfsmittel usw.) auch die psychosozialen Gelingensbedingungen zu erkunden. Hierzu zählen z. B. Vertrauen, Sicherheit, Transparenz,
Anerkennung und Sinnorientierung. Die Beachtung dieser Grundbedürfnisse
eines Menschen kann z. B. Lernblockaden, Verhaltensschwierigkeiten, Sprach-
probleme usw. sowohl abbauen als ihnen auch vorbeugen und positive Lernprozesse entstehen lassen.

Eine unabdingbare Voraussetzung für den Erwerb von Fachwissen im individuellen oder kollektiven Lernprozess ist das Vorhandensein von Arbeitsverhalten und -disziplin und von sozialen und emotionalen Kompetenzen der
Schüler. Diese müssen aber häufig erst erworben werden. Um auch hier einen
gezielten Lernprozess zu ermöglichen, sind diese sozialen Basiskompetenzen
ebenfalls zu diagnostizieren und in die Förderplanung einzubeziehen" (ebd.,
S. 16).

Die Kompetenzen, die die Schüler erwerben sollen und müssen, lassen sich
den drei Schlüsselqualifikationen zuordnen und wie folgt bestimmen und
differenzieren:

1. Fachwissen (kognitive Leistungen)

Indikatoren	Verfahren
Durch Lehrpläne festgelegte fach-, jahrgangs- und schulformspezifische Bildungsstandards	Testverfahren – Lese-/Rechtschreibtests – Rechentests Lernstandsmessungen – schriftlich – mündlich Klassenarbeiten Lerndokumentationen – Portfolios – Lerntagebücher – Präsentationen – Zeugnisse
Aus den Bildungsstandards abgeleitete Prüfungsmodalitäten	Leistungsvergleiche – zentrale Vergleichsarbeiten – klassenintern – jahrgangsintern – mit dem Vorjahr (individueller Lernfortschritt)

2. Arbeitsverhalten und Disziplin (Methodenkompetenz)

Indikatoren	Verfahren
Schulisches Methodenkonzept	Lerntechniken (Lernstrategien) – eigenständiges Arbeiten (z.B. unterschiedliche Strategien zur Problemlösung anwenden), – verschiedene Lösungswege suchen, – im Team lernen, – Arbeitsplanung strukturieren, – Stärken und Schwächen analysieren, – Materialien und Informationen richtig auswählen und nutzen, – Verständnisfragen zur Klärung formulieren, – aus Fehlern lernen, – sich durch individuelle Zielsetzung verbessern.

Indikatoren	Verfahren
Rahmenbedingungen zur Bewältigung gestellter Aufgaben	Arbeitstechniken – Mnemotechniken – Planungstechniken – Zeitmanagement – Organisationstechniken
Schulisches Methodenkonzept	Präsentations- und Moderationstechniken – Gliederung und Aufbau – Argumentationsmuster – Rhetorik – Vortragstechniken – Visualisierung – Moderationsmethoden – Diskussionsleitung

3. Soziale und emotionale Komponenten (Sozial- und Personalkompetenz)

Indikatoren	Verfahren
Notwendiger Kompetenzerwerb, ohne den die oben skizzierten Indikatoren für Fach- und Lernkompetenz nicht erreicht werden können.	Soziale und personale Fähigkeiten – mit anderen zusammenarbeiten (Teamarbeit), – aufmerksam zuhören, – andere Meinungen respektieren, – Unrecht erkennen und zugeben, – Meinungsverschiedenheiten angemessen klären, – Neues ausprobieren, – Probleme aus der Sicht von anderen beurteilen, – zielgerecht arbeiten, – sich selber Termine und Teilziele setzen und einhalten, – bei Problemen nicht resignieren, sondern weiterarbeiten, – sinnvoll Pausen einlegen und Erholungsstrategien nutzen.

4.2   Multiple Intelligenzen

Im komplexen Interaktionszusammenhang von Schule und Unterricht äußern sich Eigenschafen wie Begabung oder Schulerfolg also keineswegs ausschließlich im kognitiv-intellektuellen Bereich, etwa durch Hochleistung oder hohe Intelligenz, sondern in mannigfaltiger Form auch außerhalb des kognitiven Bereiches, nämlich in besonders ausgeprägten Fähigkeiten und Fertigkeiten z. B. in künstlerisch-kreativen, sportlichen, sprachlichen oder sozialen Domänen. In der Intelligenzforschung hat man hierfür den Begriff „multiple (vielfache) Intelligenzen" geprägt. Hauptvertreter dieser Position ist Howard Gardner (1998 /2002). Gardner begreift den Begriff der multiplen Intelligenz nicht als „messbare Entität", sondern als für den theoretischen Zugriff brauchbares idealtypisches Modell.

Nach Gardner müssen intellektuelle Kompetenzen in den jeweils spezifischen kulturellen Umfeldern, in denen sie angesiedelt sind, nützlich und wirksam sein. Es gibt nach seiner Anschauung keine Hierarchisierung in z. B. „hochintellektuell" und „banal-alltäglich": Der wissenschaftliche Theoretiker, der ein hochkomplexes philosophisches Problem löst, handelt auf seine Weise ebenso intelligent wie der Fußgänger, der einem gestürzten Radfahrer zu Hilfe eilt, ihm aufhilft, tröstet und (so gut es geht) seine Wunden versorgt – beide besitzen eine spezifische Form der multiplen Intelligenz, beide wenden ihre Fähigkeiten nutzbringend und problemlösend an. Gardners Forderung lautet daher, dass alle intelligenten Menschen in der Lage sein sollten, wirklich vorhandene, „echte Probleme oder Schwierigkeiten" mit brauchbaren Methoden oder Vorrichtungen zu lösen, um dadurch gleichzeitig die Basis für neues Wissen zu schaffen. Die im Folgenden aufgeführte Liste von Intelligenzen erhebt keinen Anspruch auf Vollständigkeit. Gardner unterscheidet:

Sprachlich-linguistische Intelligenz
Zur sprachlich-linguistischen Intelligenz gehören das Verstehen der Bedeutung von Wörtern und Sätzen, die Fähigkeit, verbal etwas zu erklären, Menschen zu überzeugen und auf einer Metaebene über die eigenen Aussagen zu reflektieren. Sie wird durch Sprechen, Lesen und Schreiben aktiviert. (Wortklug)

Logisch-mathematische Intelligenz
Zur logisch-mathematischen Intelligenz gehören die induktive und deduktive Logik, das analytische und kreative Denken, das Lösen von Problemen, das Erkennen von Mustern, das Herstellen von Beziehungen und die Fähigkeit, Voraussagen zu machen bzw. Konsequenzen zu sehen. (Logikklug)

Musikalisch-rhythmische Intelligenz
Die musikalisch-rhythmische Intelligenz umfasst die Bereiche Melodie, Rhythmus, Klang und Tonhöhe. Dazu gehören die Fähigkeiten, die Struktur eines Musikstückes zu erfassen, musikalische Motive zu erkennen und zu interpretieren oder Ideen, Gefühle und Stimmungen musikalisch und rhythmisch auszudrücken. (Musikklug)

Bildlich-räumliche Intelligenz
Zur bildlich-räumlichen Intelligenz gehören das Denken in Bildern, die räumliche Vorstellungskraft, die Fähigkeit, einen Raum aus verschiedenen Perspektiven zu sehen, verschiedene Perspektiven in Diskussionen einnehmen zu können, und der bewusste Umgang mit Farben, um Ideen, Stimmungen und Gefühle auszudrücken. (Bilderklug)

Körperlich-kinästhetische Intelligenz
Die körperlich-kinästhetische Intelligenz umfasst die Vorstellung und die Kontrolle über willkürliche und unwillkürliche Bewegungsabläufe, ein intensives Körperbewusstsein und die Fähigkeit, Stimmungen, Gefühle und Ideen durch Mimik und Gestik auszudrücken. (Körperklug)

Naturalistische Intelligenz
Die naturalistische Intelligenz umfasst die Fähigkeit, das Wesentliche von Gegenständen, Begriffen, Argumenten, … zu erkennen, sich mental Systeme vorzustellen, nach denen die Welt geordnet wird. Der achtsame Umgang mit der Natur und mit allen Lebewesen ist ein wichtiger Aspekt der naturalistischen Intelligenz. (Naturklug)

Intrapersonale Intelligenz
Die intrapersonale Intelligenz umfasst ein präzises Urteilsvermögen, eine genaue Selbsteinschätzung, Selbstreflexion, die Fähigkeit, Zusammenhänge zu sehen und auf neue Situationen zu übertragen, und die Fähigkeit, über das eigene Denken nachzudenken. (Selbstklug)

Interpersonale Intelligenz
Die interpersonale Intelligenz umfasst die Fähigkeiten zur Kommunikation, Kooperation und Steuerung von Gruppen. Die Sensitivität gegenüber Stimmungen, Bedürfnissen, Gefühlen und Anliegen von anderen und die Fähigkeit, unbewusste Absichten zu erfassen und daraus Synergien herzustellen, sind weitere Aspekte der interpersonalen Intelligenz. (Menschenklug)
(Nach Gardner 1998, S. 75 ff.)

In seiner neueren Veröffentlichung hat Gardner diesem Inventar eine neunte Intelligenzform hinzugefügt, die allerdings zum gegenwärtigen Zeitpunkt weder ausreichend erforscht noch definiert ist (und hier nur der Vollständigkeit halber erwähnt wird):

Existenzielle Intelligenz
Die existenzielle Intelligenz umfasst die Fähigkeit, grundlegende Fragen der Existenz zu entwickeln und zu durchdenken. (Lebensklug)
(Nach Gardner 2002)

Schulpraktische Erfahrungen mit der Bedeutung von Gardners Intelligenzkonzeption gibt es im deutschsprachigen Raum bisher nur im Grundschulbereich (Brunner/Rottensteiner 2002). In Österreich haben sich seit einigen Jahren Lehrerinnen mit der Theorie der multiplen Intelligenzen auseinandergesetzt und ihren Unterricht so umgestellt, dass alle Kinder von ihren Begabungen und Talenten beim Lernen Gebrauch machen können. Die Aufgaben werden „multiintelligent" gestellt und die Schüler können nicht nur ihre kognitiven Stärken benützen, sondern auch über diese an ihren (oft vermeintlichen) Schwächen arbeiten. In Anlehnung an Tom Armstrong haben Brunner und Rottensteiner ein einfaches Planungskonzept entwickelt, mit dem sie möglichst viele Intelligenzen in ihren Unterricht einbauen können.

Um die Berücksichtigung von multiplen Intelligenzen im Unterricht zu erleichtern, empfehlen wir folgende Schritte (in Anlehnung an Brunner/Rottensteiner 2002, S. 100):

1. **Ein Raster erstellen und Planungsfragen dazu entwickeln**
   Tragen Sie das Unterrichtsthema in das Zentrum eines Rasters mit neun Feldern ein und schreiben Sie die acht Intelligenzen in die anderen Felder. Nun entwickeln Sie Planungsfragen zu den einzelnen Intelligenzen (vergleiche Schema auf S. 80).

2. **Lernziele entwickeln**
   Entwickeln Sie Lernziele, die sich an den folgenden Fragen orientieren:
   – Was sollen die Schüler mit diesem Thema lernen?
   – Welche Fähigkeiten und Fertigkeiten sollen sie entwickeln?
   – Welche wesentlichen Informationen und allgemeine Prinzipen sollen sie sich merken?
   – In welchen neuen Situationen sollen sie das Gelernte anwenden können?
   – Wie können sie das Gelernte für sich persönlich relevant machen?

3. Aktivitäten sammeln

Sammeln Sie nun in einem Brainstorming zu Ihren Lernzielen Aktivitäten und Maßnahmen, mit denen möglichst viele Intelligenzen angesprochen werden. Prüfen Sie auch, wie Sie Aktivitäten und Maßnahmen miteinander vernetzen können.

4. Eine realistische Auswahl treffen

Treffen Sie eine realistische Auswahl, indem Sie die Rahmenbedingungen (Zeitdauer, Mitarbeiter, Klassensituation usw.) bedenken. Tragen Sie nun Aktivitäten und Maßnahmen in das Raster bei den einzelnen Intelligenzbereichen ein. Denken Sie daran, dass alle Aufgaben mehrere Intelligenzen aktivieren, und ordnen Sie jede Aufgabe der Intelligenz zu, die am meisten benutzt wird.

5. Einen Zeitplan machen, die Aufgaben organisieren und Materialien beschaffen

Machen Sie einen Zeitplan und setzen Sie Anfang und Ende fest. Überlegen Sie sich, wie die einzelnen Aufgaben organisiert werden und welche Gruppierungen Sie dazu brauchen. Beschaffen oder kreieren Sie die notwendigen schriftlichen Arbeitsaufträge und die Arbeitsmaterialien.

Auf diese Weise kann jedes Thema aufbereitet werden. Die Schülerinnen und Schüler bekommen die Möglichkeit, ihre kognitiven Stärken zu nutzen und gleichzeitig ihre schwächeren Begabungen in einem Aufgabenfeld zu üben, in dem es erlaubt ist, Fehler zu machen und von den Mitschülerinnen zu lernen.

Unterrichtsplanung mit multiplen Intelligenzen

Körperlich-kinästhetische Intelligenz	Logisch-mathematische Intelligenz	Naturalistische Intelligenz
Wie kann ich den ganzen Körper mit einbeziehen oder zumindest Erfahrungen mit den Händen ermöglichen? – ... – ... – ...	Wie kann ich Zahlen, Skalen, grafische Ordner, logische Denkspiele usw. in das Thema einbringen? – ... – ... – ...	Wie kann ich das Erkennen von Mustern und Kategorien einbauen? Gibt es Erlebnismöglichkeiten in der Natur, die dieses Thema vertiefen können? – ... – ... – ...
Sprachlich-linguistische Intelligenz		**Bildlich-räumliche Intelligenz**
Wie kann ich situationsbedingt die gesprochene oder geschriebene Sprache verwenden? – ... – ... – ...	**UNTERRICHTSTHEMA LERNZIELE**	Wie kann ich Visualisierung und andere visuelle Hilfen, Farben, Kunst oder Malerei einsetzen? – ... – ... – ...
Intrapersonale Intelligenz	**Interpersonale Intelligenz**	**Musikalisch-rhythmische Intelligenz**
Wie kann ich persönliche Gefühle und Erinnerungen hervorrufen sowie den Kindern Wahlmöglichkeiten geben? – ... – ... – ...	Wie kann ich Kinder zu Partnerarbeit und zum Lernen in Interessengruppen motivieren? – ... – ... – ...	Wie kann ich Musik oder Rhythmik einbringen bzw. einzelne Bereiche in einen musikalischen oder rhythmischen Rahmen stellen? – ... – ... – ...

(Brunner/Rottensteiner 2002, S. 101)

Brunner und Rottensteiner konkretisieren in einem sehr übersichtlichen und anschaulichen Raster mit den acht Intelligenzen zum Thema „Gesundheit und gesunde Ernährung" ihr Konzept.

Körperlich-kinästhetische Intelligenz	Logisch-mathematische Intelligenz	Naturalistische Intelligenz
Wie kann ich den ganzen Körper mit einbeziehen oder zumindest Erfahrungen mit den Händen ermöglichen? • Einen Freudentanz gestalten (Die Entdeckung der Kartoffel) • Tai Chi • Die Tibeter • Schulen des Körperbewusstseins • Gesundheitsparcours im Turnsaal • Schattentheater mit den Fingern (Thema: Der frische Salat)	Wie kann ich Zahlen, Klassifikationen, Skalen, logische Denkspiele etc. in das Thema einbringen? • Einführen der Maßeinheiten kg-dag-g • Versuche zum Abwägen; • Tabellarisches Eintragen der Massen (Versuche mit geschälter und ungeschälter Kartoffel)	Gibt es Erlebnismöglichkeiten in der Natur, die dieses Thema vertiefen können? • Klassifikation von Nahrungsmitteln (gesund/ungesund) • Obst und Gemüse untersuchen • Bestandteile der Nahrung • Untersuchen der Kartoffel (exemplarisches Lernen)
Sprachlich-linguistische Intelligenz	**Gesundheit und gesunde Ernährung**	**Bildlich-räumliche Intelligenz**
Wie kann ich die gesprochene oder geschriebene Sprache verwenden? • Erfinden eines Sprechkanons mit diversen Obst- und Gemüsesorten • Kochbuch verfassen (Rezepte sammeln und verschriftlichen) • Tagesablauf hinsichtlich der Mahlzeiten dokumentieren • Eine Einladung zu einem Essen verfassen • Klassifikation nach Oberbegriffen • Eine Geschichte (Die Entdeckung der Kartoffel) szenisch darstellen • Interviews zum Thema „Gesunde Ernährung" führen • Einen Fragebogen erstellen bzw. ausfüllen • Verschiedenste Texte zum Thema lesen und suchen		Wie kann ich visuelle Hilfen, Farben, Kunst oder Malerei einsetzen? • Gestalten einer Collage zum Thema Nahrungsmittel • Ausgestalten von Folien als Hintergrundmaterial für die szenische Darstellung • Deckblattgestaltung für das Kochbuch • Experimente zeichnerisch darstellen • Puzzles herstellen (verschiedene Obstsorten) • Obst und Gemüse aus Papiermaché herstellen • Eine Fotoausstellung von verschiedenen Mahlzeiten erstellen
Intrapersonale Intelligenz	**Interpersonale Intelligenz**	**Musikalisch-rhythmische Intelligenz**
Wie kann ich persönliche Gefühle oder Erinnerungen hervorrufen oder den Kindern Wahlmöglichkeiten geben? • Rollenspiele: verschiedene Sichtweisen erleben, durch Rollentausch (z. B. Stück: Die Entdeckung der Kartoffel) • Wie fühle ich mich nach gesunder, leichter Kost, bzw. nach schwerer Kost (sprachliches Darstellen, bildnerisches Darstellen, pantomimisches Darstellen)? • Konsequenzen aus dem eigenen Wohlbefinden (Unbehagen) ziehen: z. B. gesunde Jause	Wie kann ich Kinder zu Partnerarbeit, Gruppenarbeit oder Lernen in Interessengruppen motivieren? • Freie Sozialformen im Unterricht, wo immer möglich • Verantwortung für das Gesamtprodukt tragen (nicht nur für den Einzelbeitrag) • Aus einem Angebot an Themen das Gebiet nach Eigeninteresse auswählen können • In einer Gruppe diskutieren und zu einem gemeinsamen Konsens finden können	Wie kann ich Musik oder Rhythmik einbringen, bzw. einzelne Bereiche in einen musikalischen oder rhythmischen Rahmen stellen? • Sprechkanon (rhythmische Schulung) • Zu einer bekannten Melodie einen Text verfassen • Stimmschulung (diverse Speisen verschiedenen Tonlagen zuordnen) • Einsetzen von Orffinstrumenten zur Dramatisierung des szenischen Spiels

(Brunner/Rottensteiner 2002, S. 102)

4.3 Entwicklung von Lernkompetenz

Den Lernprozess selber können wir weder sehen noch hören, sondern nur interpretativ erschließen. Lediglich die Ergebnisse des Lernprozesses sind evaluierbar – etwa dadurch, dass Schüler nachweisen können, im Besitz bestimmter, vorher nicht beherrschter Kompetenzen zu sein. Auch Lernkompetenzen und -strategien sind nicht unmittelbar sichtbar, sondern bedürfen der Exploration – aber:

„Guter Unterricht vermittelt auf eine geschickte Art und Weise zwischen den Ansprüchen der Aufgabenstellung und den vorhandenen Kompetenzen und Motivationslagen der Schülerinnen und Schüler" (Meyer 2004, S.168).

Das Verständnis von Kompetenz, das dem Begriff der (Schüler-)Lernkompetenz zugrunde liegt, unterscheidet sich nicht grundsätzlich von der allgemeinen Definition von Kompetenz (vgl. S.27/28) ist aber fokussiert auf die normale Lernsituation von Schülern, also auf die Strategien und Verfahren zur Aneignung von Wissen.

> Definition: Lernkompetenz
> Claudia Solzbacher definiert sie als „die Fähigkeit zum erfolgreichen Lern-Handeln" (2005, S.9). Lernkompetenzen sind also Voraussetzung und Ergebnis von Lehr-Lernprozessen. Dabei hat sich im schulpädagogischen Diskurs der letzten Jahre die Unterscheidung von vier Teilkompetenzen durchgesetzt: die Sach-, die Methoden-, die Sozial- und die Selbstkompetenz (Czerwanski u.a. 2002, S.30–32).

Die Lernkompetenz eines Schülers besteht in der Fähigkeit, die sachlichen, methodischen, sozialen und individuellen Anteile der Lernarbeit bewusst, zielorientiert, ökonomisch und kreativ zu gestalten. Diese Kompetenz muss im Unterrichtsprozess eingeübt und schrittweise auf höhere Niveaustufen gebracht werden. Wir möchten daher an dieser Stelle kurz ein gestuftes Kompetenzmodell vorstellen, um die „Tiefe" zu bezeichnen, mit der Schüler einen Lernweg beherrschen[1].

Wir haben ein theoretisches Modell zur Bestimmung von Methodentiefe entwickelt, das wir Lernkompetenzstufenmodell, kurz KSM, nennen. Wir gehen davon aus, dass Lernkompetenzen nicht „auf einen Schlag", sondern schrittweise angeeignet werden. Die Einteilung einer Kompetenz in mehrere Stufen darf aber auf keinen Fall mit dem Prozess des schrittweisen Kompetenzerwerbs verwechselt werden:

---

[1] Die Grundlagen dieses Kompetenzstufenmodells hat eine Arbeitsgruppe an der Universität Oldenburg erarbeitet. Eine ausführliche Darstellung findet sich in Meyer/Paradies/Wopp 2004, S.114 ff.

- Ein Stufenmodell erfasst, wie eine voll entfaltete Kompetenz strukturiert ist bzw. aus welchen Teilen sie sich zusammensetzt.
- Ein Prozessmodell beschreibt, in welcher Reihenfolge Kompetenzen im Unterrichtsprozess auf- und ausgebaut werden können.

Um ein KSM in sich stimmig zu machen, ist es erforderlich, ein Kriterium zu benennen, nach dem die Stufen geordnet werden. Wir setzen hierfür die zunehmende Selbstständigkeit des Lernens ein. In unserem Modell werden in Anlehnung an die PISA-Studie fünf Stufen zunehmender Lernselbstständigkeit unterschieden:

1. Lernen durch einfaches Nachvollziehen: Hier geht es um das naive, imitatorische Nachmachen von Handlungen, z. B. im kindlichen Rollenspiel. Stufe 1 spielt in der Grundschule eine erhebliche Rolle.
2. Lernen nach Vorgaben: „Handeln nach Vorschrift" – ein Lernweg wird von dem Schüler so genutzt, wie es ihm vorgeschrieben wird. Auch dies findet sich vornehmlich in der Primarstufe, gilt aber auch für alle Altersklassen bis ins Erwachsenenalter.
3. Lernen durch Einsicht: Stufe 3 setzt voraus, dass der Schüler verstanden hat, was Sinn und Zweck des Lernprozesses ist. Er erkennt das Ziel und versteht, inwiefern Fehler das Erreichen dieses Zieles verunmöglichen.
4. Lernen als selbst gesteuerter Prozess: Der Schüler sieht ein, dass Lernen ein Wechselprozess von Inhalten, Methoden und Zielen ist. Diese Einsicht befähigt ihn, Vorschriften (vorgeschriebene Lernwege) u. Ä. eigenständig zu modifizieren und für sich persönlich effektiv zu nutzen.
5. Lernen unter kritischer Reflexion der Verwendungsmöglichkeiten: Dies ist nicht so zu verstehen, dass erst und nur auf dieser Stufe schlagartig die kritisch-reflektierende Begleitung des Lernprozesses einsetzt, aber erst mit Erreichen dieser Stufe sind die Schüler in der Lage, angemessen ihr eigenes Lernhandeln und das anderer zu analysieren und zu bewerten.

Dieses theoretische Modell möchten wir an einem einfachen Beispiel erläutern – es geht um die Herstellung einer Mindmap (Buzan/North 1997):

Beim Mindmapping geht es auf der ersten Stufe darum, Gedanken in Bezug auf Ereignisse, Vorträge oder zur Gesprächsvorbereitung mithilfe von Schlüsselwörtern zu notieren. Nicht das Lesen einer Mindmap ist die erste Stufe, sondern das Ziel einer Mindmap ist es, eigene Gedanken parallel zum Denkprozess zu verschriftlichen.

Auf der zweiten Stufe geht es um Lernen, Lehren und Analysieren. Beim Lernen sollen Haupt- und Nebenäste genutzt werden, um Wörter eines Wortfeldes zu sortieren, das Rechtschreibtraining zu strukturieren, für thematische Zusammenfassungen eine Gedächtnisstütze zu sein oder Vokabeln zu lernen.

Auf der dritten Stufe wird Mindmapping eingesetzt, um eigene Texte zu produzieren oder eine freie Rede zu halten, z. B. in Form eines Referates. Hier dient die Mindmap als Gerüst im Hintergrund, um einen linearen Text zu formulieren oder frei zu reden, ohne Gefahr zu laufen, dabei einen Gedanken zu verlieren.

Auf der vierten Stufe wird die Mindmap eingesetzt, um individuell oder im Team Arbeitsprozesse, die Einrichtung eines Lernstudios, ein Projekt zu planen oder einen Lehrplan zu entwerfen.

Auf der fünften Stufe wird die Methode bewertet, indem sie gegen andere, z. B. Ideenzettel, Cluster, Checkliste oder Exposé bzw. Arbeitsordner, abgegrenzt wird, und die Vor- und Nachteile bezüglich Zeitersparnis, Klarheit und Übersicht erwogen werden (vgl. Meyer/Paradies/Wopp 2004, S. 122).

Bereits in der Grundschule kann mit Mindmaps gearbeitet werden und die Schüler können auch hier schon – altersangemessen – die fünfte Lernkompetenzstufe erreichen. Die Entfaltung der Methode in den höheren Schulstufen wird bestimmt durch die zunehmend anspruchsvolleren Inhalte und die wachsende Selbstständigkeit der Schüler.

Das Modell der gestuften Lernkompetenzen bildet ein wichtiges Hilfsmittel beim Prozess des Diagnostizierens, denn es ermöglicht dem Lehrer

- das erreichte Niveau des jeweiligen Schülers zu beschreiben,
- dieses Niveau gezielt weiterzuentwickeln,
- Vorschläge zur möglichen Weiterarbeit an andere Kollegen abzugeben.

5. Test- und Beobachtungsverfahren

5.1   Testverfahren

5.1.1   Pro und kontra Tests

Tests, Klassenarbeiten, Klausuren, Leistungs- oder Lernentwicklungsüberprüfungen kontrollieren in regelmäßigen Abständen den Lernstand der Schüler. Aus diesen Kontrollen erfolgt im Regelfall die weitere Planung des Unterrichts, die Förderung einzelner Schüler oder Schülergruppen und die Ein- und Abschätzung der initiierten Maßnahmen. In den letzten Jahren sind zahlreiche Test- und Screeningverfahren neu entwickelt worden. Wir halten diese Verfahren im pädagogischen Alltag nur bedingt für einsetzbar. Die Tests stellen einen momentanen Ist-Zustand fest, sie messen konstante und stabile Merkmale unbeachtet der Tatsachen, dass die Rahmenbedingungen oder individuellen Gegebenheiten eine Rolle spielen könnten oder dass der Lernprozess zwar fortgeschritten ist, sich aber noch nicht als routiniertes Verhalten zeigt. Zu den ganz konkreten Ursachen von Stärken und Schwächen eines einzelnen Schülers in einer ganz bestimmten Situation sagen sie im Regelfall wenig aus.

Viele Lehrer stehen Testverfahren daher eher skeptisch gegenüber. Die am häufigsten genannten Argumente sind:

- Reines Faktenwissen und weitere isolierte Fertigkeiten geraten zwangsläufig in den Vordergrund, dagegen treten geistige Regsamkeit oder Kreativität in den Hintergrund, weil sich diese Eigenschaften meist nicht in den Testergebnissen widerspiegeln.
- Unterrichtsinhalte und -methoden unterscheiden sich von Schule zu Schule, von Ort zu Ort, von Bundesland zu Bundesland. Es ist daher schwierig, wenn nicht unmöglich, Testaufgaben zu entwickeln, die wirklich allen Schüler gerecht werden (vgl. Hagemeister).

- Tests überprüfen nur vorhandenes, erlerntes Wissen, beziehen sich also ausschließlich auf kognitive Lernziele und in diesem Bereich lediglich auf den Anforderungsbereich 1 (Kennen, Wiedergeben, Anwenden).
- Tests sind daher eher einseitig und fremdbestimmt ausgerichtet und entsprechen weder komplexeren Lerntheorien noch dem Konzept des handlungsorientierten, ganzheitlichen Unterrichts.

Diese nach wie vor häufig geäußerten Bedenken entsprechen allerdings nicht mehr den heutigen Realitäten, denn die Testkonzeptionen und -verfahren sind in den letzten Jahren erheblich modifiziert und erweitert worden:
- Reine Wissensabfrage-Verfahren sind durch kompetenzorientierte Aufgabenstellungen abgelöst worden (wie z.B. in den PISA-Studien).
- Materialgestützte Aufgabenstellungen verlangen von den Probanden den Einsatz selbstständiger Denk- und Lösungswege, die nicht nur eine einzige richtige Lösung erlauben.
- Aufgabenstellungen sind so ausgerichtet, dass auch individuelle Lernfortschritte erfasst werden.

Wir haben daher die Erfahrung gemacht, dass Testverfahren z.B. zur Bestimmung der Lernausgangslage zu Beginn eines Schuljahres gut geeignet sind, um sich ein Bild zu machen und um den Schüler besser kennenzulernen (vgl. das Beispiel auf S. 145, Deutsch Klasse 11). Zur besseren Einschätzung der Lernvoraussetzungen der Schüler hat sich in der Praxis Folgendes bewährt: Vor Beginn einer Unterrichtseinheit oder eines Projektes wird mithilfe einer Lernentwicklungskontrolle der Lernstand der Schüler festgestellt. Am Ende dieser Phase wird erneut der Lernerfolg überprüft. Nur so lässt sich die tatsächliche Lernentwicklung eines Schülers und nicht das momentane Leistungsvermögen bestimmen.

Testverfahren dieser Art eignen sich aber nicht, um gezielt zu fördern und zu fordern. Es fehlen die Detailkenntnisse über einen Schüler. Welche Vorstellung von einem Bruch hat z.B. ein Schüler im Mathematikunterricht? Kann er deshalb die Brüche nicht addieren? Kann ein Schüler deshalb nicht lesen, weil er immer zwei bestimmte Buchstaben vertauscht? Wie war das Lernverhalten eines Schülers?

Der Schwerpunkt der pädagogischen Diagnostik sollte nicht nur auf den zahlreichen standardisierten Testverfahren und auf der Feststellung und Dokumentation momentaner (aktueller) Entwicklungsstände liegen – sie müssen ergänzt werden durch systematisch reflektierende Beobachtungen, die ebenfalls als Basis für die Unterrichtsplanung genutzt werden.

Die Grundlage der pädagogischen Diagnostik bilden neben Testverfahren Schülerbeobachtung und Lernprozessentwicklung, die wesentliche Hinweise darauf geben, an welche Kompetenzen eines Schülers man anknüpfen kann und welche noch ausgebildet werden müssen.

Der erste Schritt, um mehr Informationen über einen Schüler zu erhalten, ist der Einsatz verschiedener Beobachtungsverfahren und -instrumente. Diese Beobachtungen werden systematisiert und in einem „Lernwegbuch" schriftlich festgehalten. Das ist deswegen notwendig, weil die Beobachtungen ziel- und zweckgebunden sind und kriterienorientiert reflektiert werden in Bezug auf noch folgende Planungsentscheidungen im Unterricht, zu Förder- und zu fordernden Maßnahmen.

Diese individuellen Informationen, die man am besten in einem Raster sammelt, bilden die Grundlage für die Erstellung individueller oder auch gruppenspezifischer Lernpläne. Sie knüpfen dann an die vorhandenen Kenntnisse, die Fähigkeiten der Schüler an und können in notwendige Förder- und Fordermaßnahmen eingearbeitet werden. Wir als Lehrer können so unsere diagnostische Kompetenz weiterentwickeln und zielgerichtet – nämlich für die zu planende Unterrichtseinheit bzw. das -thema – die Lernausgangsbedingungen benennen, die für den zu bewältigenden Lernstoff erforderlich sind.

Dabei spielt die Einbeziehung der Schüler eine wesentliche Rolle, insbesondere wenn es um die konkreten Themen und Unterrichtsschwerpunkte geht. Auch bei der Feststellung der individuellen Lernvoraussetzungen sind die Selbsteinschätzungen der Schüler sehr wichtig. Sie werden ebenso gesammelt wie die für den Schüler besonders bedeutsamen Leistungen und Produkte in Portfolios. Auf diese Weise entsteht für jeden Schüler eine Dokumentation seiner Lernprozesse.

In Tests dieser Art geht es also nicht um die bloße Reproduktion vorhandener Kenntnisse, sondern die entwicklungsbezogenen Lernstrategien der Probanden bilden die Grundlage der Diagnostik. Es gibt inzwischen eine Reihe von Testverfahren, die Lernstrategien, methodische Vorgehensweisen und Arbeitstechniken hinterfragen bzw. einbeziehen (vgl. Abschnitt 5.1.4). Dies ist deshalb so bedeutsam, weil diese Verfahren einen Rückschluss auf den Unterricht gestatten, d. h., es stellt sich die Frage, wie Unterricht relevante Lernstrategien fördern kann (strategiebezogenes Diagnosekonzept).

Es geht daher nicht mehr um die grundsätzliche Frage für oder gegen Tests, sondern darum, Testverfahren gezielt nach Fragestellung und Ziel der Diagnose einzusetzen. Lernstandsdiagnosen kann man mit oder ohne Hilfe von Tests durchführen. Subjektive Beobachtungen, Einschätzungen und standardisierte Tests können sich aber durchaus sinnvoll ergänzen, wenn sie bestimmte Voraussetzungen erfüllen und aufeinander aufbauen. In einem entwicklungsorientierten Unterricht sollte man sich für jeden einzelnen Fall die Frage stellen, ob und wie fachspezifische Tests und/oder Beobachtungsbögen sinnvoll eingesetzt werden können.

Ein Beispiel für einen allgemeinen Beobachtungsbogen finden Sie auf Seite 88. Die Quartalsbeobachtungen können der Effektivität halber in ein Punkte- oder Notensystem eingetragen werden, das im Fazit/Ausblick am Schuljahresende durch verbale Beurteilungen ergänzt werden sollte. Dieser Beobachtungsbogen bildet selbstredend nur eine von vielen Realisierungsmöglichkeiten und sollte auf die spezifische Situation (Lehrer, Fach, Klasse, Schule, Kompetenzen usw.) abgestimmt werden.

Beobachtungsraster

Kompetenzen	Beobachtungsquartale				Fazit/Ausblick
	I	II	III	IV	
Fach- und Sachkompetenz schriftlich					
mündlich					
Lern- und Methodenkompetenz Lerntechniken					
Auffassungsgabe					
Übertragungsfähigkeit					
Beurteilungskompetenz					
Arbeitstechniken					
Arbeitsorganisation					
Konzentration					
Selbstständigkeit					
Präsentations- und Moderationstechniken					
Sozial- und Personalkompetenz Teamfähigkeit					
Konfliktfähigkeit					
Selbstsicherheit					

5.1.2 Arten von Testverfahren

Ein Test ist ein wissenschaftliches Routineverfahren zur Untersuchung eines oder mehrerer empirisch abgrenzbarer Merkmale. Ein Test soll eine möglichst quantitative Aussage über den relativen Grad der individuellen Merkmalsausprägungen geben. Jeder Test sollte den Gütekriterien Objektivität, Reliabilität und Validität genügen.

Welche Begründungen gibt es in der Schule für die Durchführung von Tests? Die Testergebnisse sollen folgende Dimensionen möglichst eindeutig erfassen. Man möchte Folgendes erfahren:

- den aktuellen Leistungsstand,
- die Lernvoraussetzungen,
- den Lernerfolg,
- das Fertigkeitsniveau,
- den temporären Leistungsstand,
- die Leistungsfähigkeit,
- Defizite und Beeinträchtigungen,
- die Passgenauigkeit der individuellen Förder-/Fordermaßnahmen,
- die Veränderungen der Leistungsfähigkeit.

Welche Testverfahren gibt es?

Einzeltests

Mithilfe von Einzeltests wird anhand einer Aufgabe nur ein Merkmal überprüft oder gemessen.

Testbatterien

Es werden mehrere voneinander unabhängige Einzeltests mit einem gemeinsamen Untersuchungsziel durchgeführt. Die einzelnen Ergebniswerte werden bei der Auswertung zu einem Gesamtergebnis zusammengefasst.

Testprofile

Sie bestehen aus mehreren voneinander unabhängigen Einzeltests, in denen unterschiedliche Fähigkeiten erfasst werden. Die Ergebnisse der Leistungsmessung werden bei der Auswertung einzeln aufgezeigt, d. h., es werden Lernprofile oder Testprofile für jeden einzelnen Schüler erstellt.

Nach welchen Kriterien sollten Testverfahren ausgewählt werden?

- Das Testverfahren muss ökonomisch und leicht durchzuführen sein.
- Das Testverfahren muss statistisch durch die Wissenschaft abgesichert sein.
- Das Testverfahren muss publiziert und auf seinen Einsatzbereich überprüft worden sein.

- Das Testverfahren muss die Möglichkeit der Auswertung auf Einzeltestebene gewährleisten.

Wie kann der Einsatz von Testverfahren vorbereitet und durchgeführt werden?
- Checkliste anlegen
- Reihenfolge der Aufgaben festlegen
- Mit den Schülern den Test vorher üben
- …

Zu den objektiven Lernstandsmessungen zählen Intelligenztests, Kreativitätstests, Eignungstests und Leistungstests. Den Grad der Objektivität können wir nicht in jedem Fall beurteilen, erhoffen uns aber, dass Sie den Einsatz dieser Tests in Ihrem Unterricht stets hinterfragen bzw. sie bewusst und begründet einsetzen.

Intelligenztest (IQ-Test)

Ein Intelligenztest ist ein Instrument der psychologischen Diagnostik, der eine Messung des „operationalisierten Konstruktes Intelligenz" ermöglicht. Der individuellen Ausprägung der Intelligenz wird ein numerisches Relativ zugeordnet. Durch eine entsprechende Normierung (Alter usw.) werden die Ergebnisse vergleichbar.

Ein IQ-Test besteht aus mehreren Teilbereichen mit jeweils mehreren Items unterschiedlicher Schwierigkeit. Netzadressen für Intelligenztests finden Sie auf Seite 43.

Nach den Ergebnissen von Rindermann (2006) sind auch die bei den PISA-Studien, bei TIMSS und bei IGLU eingesetzten Testverfahren als IQ-Tests zu verstehen. Die Validität und Reliabilität der PISA-Tests als Maß des allgemeinen Faktors der Intelligenz wird von der Studie als gleichwertig oder sogar höher als bei den oben angeführten Tests angesehen. Allerdings werden PISA-Tests nicht unter ausreichend abgesicherten Bedingungen durchgeführt, sodass die Ergebnisse in der Regel nicht für eine Intelligenzaussage zu den einzelnen Schülern verwendet werden können.

Die Autoren von Intelligenztests konstruieren ihre Tests nach impliziten Annahmen über Intelligenz bzw. in Anlehnung an bestehende Intelligenztheorien. Verschiedene Intelligenztests erfassen unterschiedliche Ausschnitte des Konstrukts Intelligenz. Einige Verfahren decken das Konstrukt durch sehr verschiedene Untertests und verschiedene Itemformen ab (IST2000, BIS), während andere sehr homogene, aber besonders repräsentative Itemformen verwenden (Mental Speed, Matrizentests).

Einige Verfahren sind besonders für die Erfassung der allgemeinen Intelligenz konzipiert (Modell des Generalfaktors der Intelligenz), während andere (WIT, LPS) eher an der spezifischen Ausprägung der einzelnen Faktoren der Intelligenz interessiert sind.

Im Gegensatz zu Persönlichkeitstests sind gängige Intelligenztests im Regelfall recht zuverlässig. Die Kriterien für die Intelligenzmessung sind – bezogen auf Schulnoten – meist gut. Dies liegt daran, dass die Gültigkeit der Tests von vornherein danach konzipiert wird, welche Unterschiede zwischen Schülern mit hoher und umfassender Allgemeinbildung und solchen mit einem geringeren Bildungsniveau an verschiedenen Schultypen aufgefunden werden können. Langfristig bewährt hat sich ein Test demnach vor allem dann, wenn der Schulerfolg mit dem Abschneiden in IQ-Tests korreliert. Bei sehr niedrigen oder sehr hohen IQ-Werten ist die Vorhersagekraft eines Intelligenztests (z. B. für den Berufserfolg) meist etwas größer als im mittleren Bereich. Die Tests sind auch vorhersagekräftiger als Schulnoten.

Intelligenztests werden separat nach Altersgruppen, Geschlecht und Schulabschlüssen geeicht. 100 ist dabei der jeweilige Durchschnitt. Diese Normierung erfolgt getrennt in den einzelnen Ländern. Länderübergreifende Vergleiche sind daher nur eingeschränkt möglich. Insbesondere in den USA wird die Skala zum oberen Ende hin stärker gespreizt.

Kritiker äußern, dass IQ-Tests allein schon deshalb nicht aussagekräftig seien, weil das Konstrukt Intelligenz, das quantifiziert werden soll, nicht genügend gut definiert sei. Außerdem könnten sogenannte objektive Tests immer nur Teilbereiche dessen erfassen, was sie messen sollen. Dies alles unterstellt jedoch, dass der Gegenstand, der untersucht werden soll – Intelligenz –, tatsächlich eine bestimmbare, objektive Existenz hat. Dafür gibt es aber keinen Hinweis und kein Argument. Es bleibt als Argument für die Definition der Intelligenz als „quantifizierbares Abstraktum" das Interesse an seiner Definition – aus welchem Grund auch immer.

Kreativitätstests

Kreativitätstests sind psychologische Instrumente, die versuchen, das Konstrukt Kreativität zu erfassen. Hierbei werden die Leistungen des Probanden nicht wie bei Intelligenztests hinsichtlich ihrer Richtigkeit oder Schnelligkeit bewertet, sondern es wird überprüft, wie selten (Messung der statistischen Häufigkeit) oder neuartig (Messung der kreativen Qualität) die Lösung bzw. Antwort ist. Typische Aufgabenstellungen bestehen in der freien Assoziation zu vorgegebenen Wörtern oder Bildern oder auch in der Lösung von Problemstellungen. Die wissenschaftlichen Testgütekriterien „reliabel, valide, objektiv" sind bei Kreativitätstests nicht anwendbar.

Eignungstests

Professionelle Eignungstests erlauben Rückschlüsse auf den Charakter von Getesteten. Deshalb werden sie immer häufiger bei Einstellungsfragen eingesetzt. Im deutschen Sprachraum sind folgende Anbieter für Übungstests zu Eignungsprüfungen bzw. Eignungstests führend:

● Bochumer Inventar zur berufsbezogenen Persönlichkeitsbeschreibung,
● Myers-Briggs-Typenindikator (MBTI),
● INSIGHTS Leadership Check,
● 16-Persönlichkeitsfaktoren-Test (16PF-R).

Egal ob im Rahmen einer Bewerbung oder als Selbstanalyse, Persönlichkeitstests sollten stets von Profis durchgeführt und ausgewertet werden. Der Eignungstest sollte auf jeden Fall auf einer psychologischen Theorie beruhen, 300 bis 500 Typen „normieren" und die wissenschaftlichen Kriterien der Reliabilität (Verlässlichkeit) sowie Validität (Gültigkeit) erfüllen.

Untersucht werden verschiedene Interessen und Eigenschaften: Flexibilität, Offenheit, Intelligenz, räumliches Vorstellungsvermögen, Gewissenhaftigkeit, Organisationstalent, Prioritätsdenken, Selektionsfähigkeit, Leistungsbereitschaft, Engagement, Leistungsfähigkeit, Stressresistenz, Team- und Kommunikationsfähigkeit, unternehmerisches und strategisches Denken.

Die Bewertung des Eignungstests sollte im Licht einer ungewohnten Situation, die nur einen Ausschnitt des Lebens bzw. der Persönlichkeit widerspiegeln kann und will, gesehen werden. Besonders bei der Auseinandersetzung mit der eigenen Persönlichkeit sollten unbedingt noch weitere Quellen (Familie und Freunde, Dritte, Tagebuch) hinzugezogen werden.

Leistungstests

Leistungstests sind wissenschaftliche Verfahren, die nach den Regeln einer Testtheorie konstruiert werden. Sie erzeugen in der Testsituation beim Probanden diejenigen Verhaltensmerkmale, die zum Zielmerkmal gehören (im Gegensatz zu Persönlichkeitstests).

Man kann zwischen allgemeinen und speziellen Leistungstests unterscheiden. Allgemeine Leistungstests erfassen Merkmale, die in jeder Leistung enthalten sind, während spezielle Leistungstests nur besondere Leistungen erfassen.

Problematisch sind Leistungstests, weil sie vorgeben, eine bestimmte Leistung zu messen, jedoch durch die Auswahl der Aufgaben, ihre Zusammenstellung und durch viele andere Bedingungen (Zeit, Arbeitsklima, persönlicher Stress usw.) das Messergebnis stark beeinflussen. Problematisch ist auch die Interpretation von Leistungstests.

Wer als Lehrer für den Eigenbedarf selber einen Test entwickeln will, um diesen in den eigenen Klassen und Lerngruppen einzusetzen, sollte sich über zwei Rahmenbedingungen im Klaren sein:

- „Small is beautiful" – selber entwickelte Tests können nicht den umfangreichen Kriterien und Evaluationsbedingungen genügen, denen sich ein professionell von Wissenschaftlern entwickelter Test unterziehen muss, haben aber den Vorteil, sehr viel passgenauer auf die eigene Lerngruppe, die schulische Situation und die Lehrerperson abgestimmt zu sein.
- Die Entwicklung von eigenen Tests wird sich im Regelfall auf den Bereich „Leistungstest" beschränken, da z.B. für die Konstruktion eines Intelligenztests uns Lehrern das professionelle Wissen fehlt.

Sie finden daher im nächsten Abschnitt eine Reihe von Kriterien und Tipps zur Herstellung und zum Einsatz von eigenen Leistungstests.

5.1.3 Kriterien zur Entwicklung von Leistungstests

Leistungen müssen definiert und in Bezug auf eine Norm bestimmt werden. Folgende drei Bezugsnormen bilden die möglichen normativen Grundlagen für die Bewertung von Schülerleistungen:

1. Individualnorm – individuelle Bezugsnorm: Für einen bestimmten Zeitraum wird der individuelle Lernzuwachs eines Schülers erfasst. Der Schüler wird nicht mit anderen verglichen.
2. Sachnorm – kriteriumsorientierte Bezugsnorm: Die Beurteilungen der Lernleistungen nach Fach- und Sachaspekten sind gültiges Schulrecht. Die Lernziele bzw. Kerncurricula und Bildungsstandards der Unterrichtsfächer bilden die Grundlage der Beurteilung. Soziale Lernziele werden bei der Zensierung nicht berücksichtigt.
3. Soziale Bezugsnorm: Die schulischen Leistungen eines Einzelnen orientieren sich an den Leistungen einer Referenzgruppe. Sie werden innerhalb dieser Gruppe miteinander verglichen und bewertet. Im Regelfall bildet die eigene Klasse die Vergleichsgruppe.

Leistungstests sollten sich auf die zweite Norm konzentrieren und die Sachleistungen des Schülers nach möglichst eindeutigen Kriterien erfassen. Sowohl die Sozial- als auch die Individualnorm bleiben ausgespart. Auch wenn es sinnvoll und unvermeidlich ist, dass ein Schüler sukzessive durch immer bessere Testleistungen den eigenen Lernfortschritt erkennt, ist dies nicht das primäre Ziel, da es hier hauptsächlich um eine Leistungsdiagnose, das Fördern und Fordern geht.

Gütekriterien für Leistungstests

1. Objektivität
Die Objektivität eines Tests bezeichnet den Grad der Unabhängigkeit vom Untersucher.
- Durchführungsobjektivität (Standardisierung des untersuchten Verhaltens),
- Auswertungsobjektivität (objektive Feststellung des Testergebnisses),
- Interpretationsobjektivität (generelle Einstufungen, Bewertungen).

2. Reliabilität
Die Reliabilität ist die Zuverlässigkeit eines Tests; sie ist gekennzeichnet durch den Genauigkeitsgrad einer Messung. Probleme können durch Messungenauigkeit, Merkmalsfluktuation und Bedingungsfluktuation auftreten.

3. Validität
Die Validität (Gültigkeit) eines Testes ist der Grad, in dem der Test genau das misst, was er zu messen vorgibt.
- Inhaltliche Validität (Gültigkeit aus theoretischen oder logischen Überlegungen abgeleitet),
- Kriteriumsvalidität (Übereinstimmung eines Tests zur Messung von Fähigkeiten bzw. Fertigkeiten mit Messungen von Testleistungen),
- Konstruktvalidität (Messung zeigt theoriekonformen Zusammenhang mit weiteren Messungen eines Merkmals).

Wer einen Leistungstest entwickelt, sollte sich sicher sein, dass der Test auch wirklich das misst, was es zu messen gilt – und nicht etwas ganz anderes! Ein Beispiel: Wenn ein Test so viele Fragen umfasst, dass ein großer Teil der Lerngruppe es einfach nicht schafft, alle in der vorgegebenen Zeit zu beantworten, ist ein wesentlicher Bestandteil der zu erbringenden Leistung völlig fachfremd; es geht dann nämlich nicht mehr nur um den Nachweis von domänenspezifischen Kompetenzen, sondern genauso um Schnelligkeit! Das eigentlich beabsichtigte Testziel – die Überprüfung des Lernstandes der Schüler – wird so verfälscht.

Der grundlegende Zuschnitt von Leistungstests

Die Auswertung eines Tests soll differenziert beschreiben, welches Können die Lernenden einer Lerngruppe erreicht haben, statt sich auf allgemeine Ergebnisse zu beschränken. Dabei müssen alle Leistungsebenen abgedeckt sein.

Getestet werden sollte ausschließlich das, was im Unterricht vorher ausführlich und unter Einbezug ausgedehnter Monitoring-Phasen eingeübt worden ist.

Ein Leistungstest soll alltagstauglich sein und möglichst vollständig in den alltäglichen Unterricht und das Konzept des Lehrers integriert werden können. Die Schüler sollten vorher mit der Art der Testaufgaben vertraut gemacht werden und einen angemessenen Zeitraum zur Vorbereitung erhalten.

Mehrere kleinere Tests während des Verlaufs einer Unterrichtseinheit sind sinnvoller als ein einziger, großer Abschlusstest. Wir raten (im Unterschied zu behördlichen Anweisungen für Klassenarbeiten) davon ab, auch fachfremde Leistungen zu beurteilen, also z.B. die Rechtschreibung, die Handschrift oder eine psychomotorische Fähigkeit wie den Umgang mit Lineal und Zirkel (außer wenn es im Test um genau diese Kompetenzen geht).

Falls bestimmte Fragen entweder von (fast) keinem oder von (fast) allen richtig bearbeitet worden sind, sollten diese Fragen als zu schwer bzw. zu leicht gestrichen werden.

Und last but not least sollen Leistungstests so kurz und einfach wie möglich (aber auch wie nötig!) sein und sich ebenso einfach und kurz korrigieren lassen.

Leistungsebenen

Unabhängig von Schulform und Jahrgang gelten drei Anforderungsbereiche (AFB):

Den AFB I hat der Schüler erfüllt, der Sachverhalte aus einem abgegrenzten Gebiet im gelernten Zusammenhang wiedergeben kann und über die für die Bearbeitung der Aufgabe notwendigen inhaltlichen und methodischen Kenntnisse in einem begrenzten Gebiet und einem wiederholenden Zusammenhang verfügt.

Dazu gehören:

Kenntnisse über
- Darstellungsformen (z.B. Textart, Karte, Bild, Grafik, Skizze, Statistik, mathematische Formen),
- Arbeitstechniken und methodische Schritte bei der Bearbeitung von Aufgaben,
- eine angemessene Fachterminologie,
- die angemessene Sprachnorm.

Wiedergeben von
- Grundtatsachen,
- fachwissenschaftlichen Begriffen,
- Ereignissen,
- Prozessen,

- Strukturen und Ordnungen,
- Normen und Konventionen,
- Kategorien,
- Theorien, Klassifikationen, Modellen.

Erkennen des der Aufgabenstellung zugrunde liegenden Themas, des Hauptgedankens, der Problemstellung
Verbinden der eigenen Kenntnisse und Einstellungen mit dem Thema, dem Hauptgedanken, der Problemstellung

Der AFB II umfasst das selbstständige Erfassen und Einordnen bekannter Sachverhalte, das Strukturieren und gedanklich wie sprachlich angemessene Verarbeiten dieser Sachverhalte sowie die selbstständige Anwendung und Übertragung des Gelernten auf vergleichbare Sachverhalte.
Dazu gehören:

Anwendung von sachadäquaten Methoden
- bei der Untersuchung von Sachverhalten (z.B. Erfassen des Sinngehalt längerer und komplexer Texte, differenziertes Erfassen des Hauptgedankens),
- bei der Übertragung in andere Darstellungsformen (z.B. Erfassen von text- oder aufgabenübergreifenden Bezügen),
- bei der Erschließung von Arbeitsmaterial (z.B. Anwendung textanalytischer oder mathematisch-algorithmischer Kenntnisse),
- bei der selbstständigen Auseinandersetzung mit neuen Fragestellungen (z.B. Übertragen von inhaltlichen und methodischen Kenntnissen auf neue Sachverhalte),
- selbstständiges Erklären und Anwenden einfacher und komplexer Sachverhalte,
- Verarbeiten und Ordnen,
- Anwenden des Gelernten und Verstandenen,
- Untersuchen bekannter Sachverhalte mithilfe neuer Fragestellungen,
- Verknüpfen erworbener Kenntnisse und Einsichten mit neuen Sachverhalten,
- Analysieren neuer Sachverhalte.

Den AFB III erfüllt ein Schüler, wenn er komplexe Sachverhalte planmäßig verarbeiten und darüber eigenständig reflektieren kann, um zu selbstständigen Deutungen, Urteilen und Begründungen zu gelangen und eigene Lösungsansätze zu entwickeln.
Dazu gehören:

- problembezogenes Denken, Urteilen, Begründen,
- gezielte Nutzung des speziellen Fachwissens,
- Formulierung begründeter Folgerungen aus Texten oder sonstigen Arbeitsmaterialien,
- Begründung eines selbstständigen Urteils,
- Aufzeigen von Alternativen,
- Erkennen von Bedeutung und Grenzen des Aussagewertes von Informationen,
- Reflektieren von Normen, Konventionen, Zielsetzungen und Theorien,
- Problematisieren von Sachverhalten durch selbstständig entwickelte Fragestellungen, Entwickeln von Vorschlägen,
- Erörtern von Hypothesen und Überprüfen auf ihre Realisierungsbedingungen,
- kritische Untersuchung und reflexive Distanz zum eigenen Vorgehen,
- Entwicklung einer eigenständigen gedanklichen und sprachlichen Darstellung, Methodenbeurteilung,
- Erörtern möglicher methodischer Schritte,
- Begründen des eingeschlagenen Lösungsweges,
- Überprüfen von Methoden auf ihre Leistung für die Aufschließung von Sachverhalten und im Hinblick auf immanente Wertungen und Auswahlkriterien,
- Überprüfen von Darstellungsformen auf ihre Aussagekraft.

Wichtig bei der Erstellung eines Leistungstests ist, dass alle drei Ebenen gleichmäßig erfasst werden. Das bedeutet z. B:
- Multiple-Choice-Fragen sind sinnvoll, weil sie schnell große Mengen eindeutiger und eindeutig zu bewertender Daten liefern, können aber aufgrund ihrer Konstruktion nur den AFB I abdecken.
- Für die AFB II und III sind materialgestützte Aufgaben geeignet, an denen Schüler die domänenspezifischen Kompetenzen, über die sie verfügen, nachweisen können.

- Der AFB III braucht eine Aufgabenstellung, die auch tatsächlich die Möglichkeit der Reflexion, Deutung und Wertung bietet, also z. b. nicht nur die Lösung einer bestimmten mathematischen Aufgabe verlangt, sondern den Lösungsweg thematisiert und den kritischen Vergleich mit anderen ermöglicht.

5.1.4 Übersicht über aktuelle Testverfahren

Die neuen Medien und insbesondere das Internet haben zu einem schon beinahe inflationären Anschwellen des Angebots an teilweise online verfügbaren Testverfahren geführt, deren Einzeldarstellung hier jeden Rahmen sprengen würde. Wir haben daher zur Orientierung die Kriterien, die wir für eine Qualitätsprüfung der jeweiligen Tests für unabdingbar erachten, an den Anfang dieses Abschnittes gestellt.

Kriterien zur Beurteilung von Testverfahren:

- Die verwendeten Testverfahren sollten möglichst weitgehend standardisierten Normen und einer einheitlichen Begrifflichkeit folgen, um Objektivität und Vergleichbarkeit zu garantieren.

- Tests sollten möglichst über mehrere Schuljahrgänge und mit einem einheitlichen Verfahren arbeiten, sodass Lernfortschritte bei den Schülern auch über längere Zeiträume zuverlässig erkannt und erfasst werden können.

- Tests sollten sich möglichst vollständig in den normal laufenden Unterricht einpassen und passgenau zu den dort verwendeten Unterrichtsmaterialien sein. Kompetenzen, die außerhalb des Regelunterrichts bzw. in besonderen Unterrichtseinheiten erworben werden, sollten nicht abgeprüft werden.

- Die Persönlichkeitsmerkmale der zu testenden Schüler sollten möglichst vollständig ausgeblendet, der Testzugriff ausschließlich analytisch und sachlich erfolgen.

- Das Leistungsniveau der Testaufgaben muss dem Jahrgang und der Schulform angemessen sein (Sachnorm).

- Die Testergebnisse müssen in einer Form aufbereitet werden (können), die von den jeweiligen Schülerinnen und Schülern verstanden und nachvollzogen werden können.

- Und last but not least warnen wir davor, im Anschluss an Tests offizielle Ranking-Listen zu erstellen und zu veröffentlichen. Diese verstärken nicht nur die Benachteiligung von einzelnen Schülern, sondern führen, noch gravierender, zu einer Fokussierung auf die kurzzeitig prüfbare Leistung, die dem langfristigen Kompetenzerwerb und damit nicht zuletzt dem Grundgedanken schulischer Bildung zuwiderläuft.

Zusammenstellung aller gegenwärtig vorhandenen Tests

Das „Landesinstitut für Lehrerbildung und Schulentwicklung Hamburg" hat eine sehr ausführliche Liste mit Testverfahren und deren Fundstellen veröffentlicht, die wir an dieser Stelle aufnehmen (Stand: 1.10.2006). Sie finden Sie auf den Seiten 100–109.

Die „Testzentrale der Schweizer Psychologen AG" hat im Internet eine sehr umfangreiche Linksammlung angelegt, auf der mehrere hundert Testverfahren alphabetisch aufgelistet worden sind. Per Mausklick auf den Link können kurze Beschreibungen von Einsatzbereich, Verfahren, Zuverlässigkeit, Gültigkeit, Normen, Bearbeitungsdauer und Bestellnummer eingesehen werden. Die Seiten finden Sie im Netz unter:

http://www.testzentrale.ch/de/testindex.php?idhg=T&titel=A

Eine spezielle Rechtschreibanalyse und -diagnose bietet die „Münsteraner Rechtschreibanalyse" der Universität Münster für die Klassen 1 bis 6. Die Tests werden nach Durchführung in der Schule an die Uni Münster gesendet und die Initiatoren des Testverfahrens erstellen für jeden Schüler ein Leistungsprofil, das die Grundlage für weitere, gezielte Fördermaßnahmen bilden kann. Das „Leistungsprofil" können Sie sich auf den Seiten 107 bis 109 ansehen.

Weitere Rechtschreibtests werden zurzeit von den Schulbuchverlagen erarbeitet. Der Cornelsen Verlag bietet auf seiner Onlineplattform einen interaktiven Rechtschreibtest für die Klassen 5/6 an, bei dem für jeden einzelnen Schüler ein individuelles Profil erstellt wird, das eine differenzierte Auswertung erlaubt (im Netz unter: www.foerdern.cornelsen.de).

Testbibliothek

Landesinstitut für Lehrerbildung und Schulentwicklung • Hamburg

Name	Titel	Verfasser	Fach	Themenbereich
AID 2	Adaptives Intelligenz Diagnostikum 2	Kubinger, Klaus D.; Wurst, Elisabeth	Allgemein	Kognitive Fähigkeiten
AIST-R	Allgemeiner Interessen-Struktur-Test mit Umwelt-Struktur-Test (UST-R) Revision	Bergmann, Christian; Eder, Ferdinand	Allgemein	Berufsorientierung
AST 4	Allgemeiner Schulleistungstest für 4. Klassen	Fippinger, Franz		Sprachverständnis, Rechtschreibung
ASVT	Anweisungs- und Sprachverständnistest	Kleber, Eduard W.; Fischer, Rudolf	Deutsch	Sprachverständnis
AWST 3–6	Aktiver Wortschatztest für drei- bis sechsjährige Kinder	Kiese, Christiane; Kozielski, Peter-Michael	Deutsch	Sprachverständnis
AzN 4+	Aufgaben zum Nachdenken	Hylla, Erich; Kraak, Bernhard	Allgemein - Deutsch	Kognitive Fähigkeiten, Sprachverständnis
BAKO 1–4	Basiskompetenzen für Lese- und Rechtschreibleistungen	Stock, Claudia; Marx, Peter; Schneider, Wolfgang	Deutsch	Lesen, Entwicklung, Rechtschreibung
BBK	Beobachtungsbogen für Kinder im Vorschulalter	Duhm, Erna (Hg.); Althaus, Dagmar	Allgemein	Entwicklung
BeLö	Beobachtung des Lösungsweges beim Rechnen in der Grundschule	BBS	Mathematik	
BIP	Das Bochumer Inventar zur berufsbezogener Persönlichkeitsbeschreibung	Hossiep, Rüdiger; Paschen, Michael	Allgemein	Berufsorientierung
BISC	Bielefelder Screening zur Früherkennung von Lese-Rechtschreibschwierigkeiten	Jansen, Heiner u.a.	Deutsch	Lesen, Rechtschreibung, Sprachverständnis
BSSK	Bildertest zum sozialen Selbstkonzept	Langfeldt, Hans-Peter; Prücher, Frank	Allgemein	Entwicklung

Name	Titel	Verfasser	Fach	Themenbereich
CFT 1	Culture Fair Intelligence Tests	Cattell, R. B.; Weiß, Rudolf; Osterland, Jürgen	Allgemein	Kognitive Fähigkeiten
CPM	Coloured Progressive Matrices	Raven, J.C.	Allgemein	Kognitive Fähigkeiten
CT- D 4	Schulleistungstest Deutsch für 4. Klassen	Raatz, Urich; Klein-Braley, Christine	Deutsch	Lesen, Sprachverständnis
Damit hab...	Damit hab ich es gelernt	Ganser, Bernd (Hg.)	Allgemein	Entwicklung/ Sprachförderung
DAZ	Kenntnisse in Deutsch als Zweitsprache erfassen	Staatsinstitut für Schulpädagogik und Bildungsforschung	Deutsch	Sprachverständnis, Deutsch als Zweitsprache
DBL 1	Diagnostische Bilderliste	Dummer-Smoch, Lisa	Deutsch	Lesen
DBL 2	Diagnostische Bilderliste 2	Dummer-Smoch, Lisa	Deutsch	Lesen
DBL-F	Diagnostische Bilderliste F	Dummer-Smoch, Lisa	Deutsch	Lesen
DEMAT 1+	Deutscher Mathematiktest für 1. Klassen	Krajewski, Kristin; Küspert, Petra; Schneider, Wolfgang	Mathematik	
DEMAT 2+	Deutscher Mathematiktest für 2. Klassen	Krajewski, Kristin; Küspert, Petra; Schneider, Wolfgang	Mathematik	
DEMAT 3+	Deutscher Mathematiktest für 3. Klassen	Roick, Thorsten; Gölitz, Dietmar; Hasselhorn, Marcus	Mathematik	
DRE 3	Diagnostischer Rechentest für 3. Klassen	Samstag, Karl; Sander, Alfred; Schmidt, Rudolf	Mathematik	
DRT 1	Diagnostischer Rechtschreibtest für 1. Klassen (neue Rechtschreibung)	Müller, Rudolf	Deutsch	Rechtschreibung
DRT 2	Diagnostischer Rechtschreibtest für 2. Klassen (neue Rechtschreibung)	Müller, Rudolf	Deutsch	Rechtschreibung
DRT 3	Diagnostischer Rechtschreibtest für 3. Klassen (neue Rechtschreibung)	Müller, Rudolf	Deutsch	Rechtschreibung

Name	Titel	Verfasser	Fach	Themenbereich
DRT 4	Diagnostischer Rechtschreibtest für 4. Klassen (neue Rechtschreibung)	Grund Martin; Haug, Gerhard; Naumann, Carl Ludwig	Deutsch	Rechtschreibung
DRT 5	Diagnostischer Rechtschreibtest für 5. Klassen (neue Rechtschreibung)	Grund Martin; Haug, Gerhard; Naumann, Carl Ludwig	Deutsch	Rechtschreibung
DVET	Duisburger Vorschul- und Einschulungstest	Meis, Rudolf	Allgemein	Entwicklung
EHVT 4	Englisch Hörverstehenstest für Englisch in der Grundschule	May, P. & Börner, O.	Englisch	Hörverstehen
EXPLO-RIX	Das Werkzeug zur Berufswahl und Laufbahnplanung	Jörin, Simone u.a.	Allgemein	Berufsfindung
FEESS 3–4	Fragebogen zur Erfassung emotionaler und sozialer Schulerfahrungen von Grundschulkindern 3. und 4. Klassen	Rauer, Wulf; Schuck, Karl Dieter	Allgemein	Motivation/Einstellung
GRT 4+	Grundwortschatz- und Rechtschreibtest für 4. und 5. Klassen	Birkel, Peter	Deutsch	Rechtschreibung
GSS	Göppinger sprachfreier Schuleignungstest	Kleiner, A.	Allgemein	Entwicklung
HAMLET 3–4	Hamburger Lesetest für 3. und 4. Klassen	Lehmann, Rainer H.; Peek, Rainer; Poerschke, Jan	Deutsch	Lesen
HASE	Heidelberger Auditives screening in der Einschulungsuntersuchung	Brunner, Monika; Schöler, Hermann,	Allgemein	Entwicklung/Einschulung
HAVAS 5	Hamburger Verfahren zur Analyse des Sprachstands Fünfjähriger	Reich, H.H. & Roth, H.-J.	Deutsch	Sprachstand
HLP	Hamburger Leseprobe Klasse 1–4	May, Peter; Arntzen, Helga	Deutsch	Sprachstand
HSET	Heidelberger Sprachentwicklungstest	Grimm, H.; Schöler, H.	Deutsch	Sprachverständnis
HSP 1+	Hamburger Schreib-Probe	May, Peter	Deutsch	Rechtschreibung
HSP 1-9	Hamburger Schreib-Probe	May, Peter	Deutsch	Rechtschreibung

Name	Titel	Verfasser	Fach	Themenbereich
HSP 2	Hamburger Schreib-Probe	May, Peter	Deutsch	Rechtschreibung
HSP 3	Hamburger Schreib-Probe	May, Peter	Deutsch	Rechtschreibung
HSP 4/5	Hamburger Schreib-Probe	May, Peter	Deutsch	Rechtschreibung
HSP 5-9 B	Hamburger Schreib-Probe	May, Peter	Deutsch	Rechtschreibung
HSP 5-9 EK	Hamburger Schreib-Probe Erweiterte Kompetenz	May, Peter	Deutsch	Rechtschreibung
HST 4/5	Hamburger Schulleistungstest für 4. und 5. Klassen	Mietzel, G.; Willenberg, H. u.a.	Deutsch	Sprachverständnis, Lesen, Rechtschreibung
HST 6/7 De	Hamburger Schultest Deutsch 6/7	Schachtmeyer, Christiane von; Widmann, Bernd-Axel	Deutsch	Lesen, Sprachverständnis
HST 6/7 En	Hamburger Schultest Englisch 6/7	N.N.	Englisch	Hörverstehen, C-Test
HST 6/7 Ma	Hamburger Schultest Mathematik 6/7	N.N.; Mietzel, G.; Willenberg, H.	Mathematik	
HST 6/7 PL	Hamburger Schultest Problemlösungen 6/7	Klieme, Eckhard u.a.	Allgemein	Problemlösen
HST 8/9 De L	Hamburger Schultest Deutsch 8/9	Landesinstitut für Lehrerbildung und Schulentwicklung	Deutsch	Lesen
HVT 4-7	Hörverstehenstest für 4. bis 7. Klassen	Urban, Klaus K.	Deutsch	Hörverstehen
I-S-T 2000 R	Intelligenz-Struktur-Test	Amthauer, Rudolf u.a.	Allgemein	Kognitive Fähigkeiten
KFT 4-12+ R	Kognitiver Fähigkeitstest für 4. bis 12. Klassen, Revision	Heller, K.A.; Perleth, C.	Allgemein	Kognitive Fähigkeiten
KLI 4-5	Kombinierter Lern- und Intelligenztest	Schröder, Hartwig	Allgemein	Kognitive Fähigkeiten
KNUSPEL-L	Knuspels Leseaufgaben	Marx, Harald	Deutsch	Lesen

Name	Titel	Verfasser	Fach	Themenbereich
LaS	Lernschwierigkeiten am Schulanfang	Breuer, Helmut; Weuffen, Maria	Allgemein	Entwicklung
LAVI	Lern- und Arbeitsverhaltensinventar	Keller, G.; Thiel, R.-D.	Allgemein	Lernverhalten
LFSK 4–8	Linzer Fragebogen zum Schul- und Klassenklima in den 4.–8. Klassen	Eder, Ferdinand; Mayr, Johannes	Allgemein	Unterrichts-und Schulklima
LFSK 8-13	Linzer Fragebogen zum Schul- und Klassenklima für die 8.–13. Klassen	Eder, Ferdinand	Allgemein	Unterrichts- und Schulklima
LMethT	Lern-Methodik-Training	Keller, Gustav	Allgemein	Lernverhalten
LMT	Lern- und Merkfähigkeitstest	Seyfried, A. (Hg.)	Allgemein	Lernfähigkeit
MarRecht	Das Marburger Rechtschreibtraining	Schulte-Körne, Gerd; Mathwig, Frank	Allgemein	Entwicklung/Training
MKT	Marburger Konzentrationstraining für Schulkinder	Krowatschek, Dieter; Albrecht, Sybille; Krowatschek, Gita	Allgemein	Konzentration
MOT 4–6	Motoriktest für vier- bis sechsjährige Kinder	Zimmer, R.; Volkamer, M.	Allgemein	Entwicklung
MSD	Mannheimer Schuleingangs-Diagnostikum	Jäger, Reinhold S. u.a.	Allgemein	Entwicklung
MSS	Marburger Sprachscreening für vier- bis sechsjährige Kinder	Holler-Zittlau, Inge; Dux, Winfried; Berger, Roswitha	Allgemein	Entwicklung/ Sprachförderung
MSVK	Marburger Sprachverständnistest für Schulkinder	Elben, Cornelia Ev; Lohaus, Arnold	Deutsch	Sprachverständnis
MT 2	Mathematiktest für 2. Klassen	Feller, Gisela	Mathematik	
OTZ	Osnabrücker Test zur Zahlbegriffsentwicklung	van Luit, J.E.H.; van de Rijt, B.A.M.; Hasemann, K.	Mathematik	
PB-LRS	Gruppentest zur Früherkennung von Lese- und Rechtschreibschwierigkeiten (Phonologische Bewusstheit)	Barth, Karlheinz; Gomm, Berthold	Allgemein	Entwicklung
PDmK 1	Prozessdiagnose mathematischer Kompetenzen Bd. 1	Behring, Karin; Kretschmann, Rudolf; Dobrindt, Yvonne u.a.	Mathematik	

Name	Titel	Verfasser	Fach	Themenbereich
PDmK 2	Prozessdiagnose mathematischer Kompetenzen Bd. 2	Behring, Karin; Kretschmann, Rudolf; Dobrindt, Yvonne u.a.	Mathematik	
PDmK 3	Prozessdiagnose mathematischer Kompetenzen Bd. 3	Behring, Karin; Kretschmann, Rudolf; Dobrindt, Yvonne u.a.	Mathematik	
PDS	Prozessdiagnose der Schriftsprachkompetenz in den Schuljahren 1 und 2	Kretschmann, Rudolf; Dobrindt, Yvonne; Behring, Karin	Deutsch	Lesen, Sprachverständnis, Text schreiben
PET	Psycholinguistischer Entwicklungstest	Angermaier, Michael		Sprachverständnis, Entwicklung
RST	Rechtschreibtest (neue Rechtschreibung)	Bulheller, Stephan; Häcker, Hartmut O.	Deutsch	Rechtschreibung
RST 1	Rechtschreibtest für 1. Klassen	Rathenow		
RST 6–7	Rechtschreibtest für 6. und 7. Klassen	Rieder, O.		
RT 9+	Rechentest 9+	Bremm, M. Heinz; Kühn, Rolf	Mathematik	
S.O.N.–R 51/2–17	Snijders-Oomen Nicht-verbaler Intelligenztest	Snijders, J.Th.; Tellegen, P.J.; Laros, J.A.	Allgemein	Kognitive Fähigkeiten
SBL I	Schultestbatterie zur Erfassung des Lernbestandes in Mathematik, Lesen und Schreiben I	Kauffer, Hansjörg; Storz, Lottelore; Munz, Walther		Lesen, Text schreiben
SBL II	Schultestbatterie zur Erfassung des Lernbestandes in Mathematik, Lesen und Schreiben II	Kauffer, Hansjörg; Storz, Lottelore; Munz, Walther		Lesen, Text schreiben
SETK 3–5	Sprachentwicklungstest für drei- bis fünfjährige Kinder	Grimm, Hannelore	Deutsch	Sprachverständnis
SEV	Screeningverfahren zur Erfassung von Sprachentwicklungsverzögerungen	Heinemann, M.; Höpfner, C.	Deutsch	Sprachverständnis
sismik	Sprachverhalten und Interesse an Sprache bei Migrantenkindern in Kindertageseinrichtungen	Ulich, Michaela; Mayr, Toni	Allgemein	Entwicklung

Name	Titel	Verfasser	Fach	Themenbereich
SLRT	Der Salzburger Lese- und Rechtschreibtest	Landerl, Karin; Wimmer, Heinz; Moser, Ewald	Deutsch	Lesen, Rechtschreibung
SLS 1–4	Salzburger Lese-Screening für die Klassenstufen 1-4	Mayringer, Heinz; Wimmer, Heinz	Deutsch	Lesen, Rechtschreibung
SPM	Standard Progressive Matrices	Raven, J.C.	Allgemein	Kognitive Fähigkeiten
SR 1–3	Schweizer Rechentest	Lobeck, A.; Frei, M.	Mathematik	
SSB	Screening für Schul- und Bildungsberatung	Kormann, Adam; Horn, Ralf	Allgemein - Deutsch	Kognitive Fähigkeiten – Rechtschreibung
SSV	Sprachscreening für das Vorschulalter	Grimm, Hannelore	Allgemein	Entwicklung
STOLPER	Stolperwörterlesetest	Metze, W.	Deutsch	Lesen
TPK	Testreihe zur Prüfung der Konzentrationsfähigkeit	Kurth, Erich; Büttner, Gerhard	Allgemein	Lernverhalten
TSD-Z	Test zum schöpferischen Denken - Zeichnerisch	Urban, Klaus K.; Jellen, Hans G.	Allgemein	Kreativität
VBV 3–6	Verhaltensbeurteilungsbogen für Vorschulkinder	Döpfner, Manfred u.a.	Allgemein	Entwicklung
VLMT	Verbaler Lern- und Merkfähigkeitstest	Helmstaedter, Christoph; Lendt, Michael; Lux, Silke	Allgemein	Konzentration - Kognitive Fähigkeiten
VorVier	Vorstellungsverfahren Viereinhalbjährige	BBS Hamburg Amt für Bildung	Allgemein	Entwicklung
WLLP	Würzburger Leise Leseprobe	Küspert, P.; Schneider, W.	Deutsch	Lesen
WwKe	Wie weit ist ein Kind entwickelt?	Kiphard, Ernst J.	Allgemein	Entwicklung
ZAREKI	Testverfahren zur Dyskalkulie	Aster, Michael von	Mathematik	
ZLT	Zürcher Lesetest	Linder, Maria; Grissemann, Hans	Deutsch	Lesen, Sprachverständnis
ZLVT 4–6	Zürcher Leseverständnistest für das 4. bis 6. Schuljahr	Grissemann, Hans; Baumberger, Werner	Deutsch	Lesen

LERNSERVER RECHTSCHREIBFÖRDERUNG

LEISTUNGSPROFIL
Münsteraner Rechtschreibanalyse

Leistungsprofil für Tim Mustermann

Geburtsdatum: 26.12.1991   **Testdatum:** 17.06.2004   **Portal-Nr.:** 20000

Klassenstufe: 5d   **Lehrkraft:** xxxxxxxxxxxxxxxxxxx   **Schüler-Nr.:** 9999

Richtig geschriebene Wörter: 30

winzigste, schützen, beschwerlich, Gemeinschaft, Staat, putzt, betreut, vielen, tausend, stecken, abgerissen, ältesten, Erschöpfung, ihnen, Bedeutung, dient, paar, schwimmen, Informationen, benutzen, regiert, verlässt, Hochzeitsflug, aufgeregt, schnellste, entwickelt, überflüssig, Herbst, fleißig, entkräftet

Falsch geschriebene Wörter: 23

aussterben (Aussterben), Erwachsene (erwachsene), werlos (wehrlos), beschteht (besteht), werschiedene (verschiedene), Wacksplättchen (Wachsplättchen), Herscherin (Herrscherin), wiederrum (wiederum), entlos (endlos), Wechterin (Wächterin), eindringling (Eindringling), plünderrungen (Plünderungen), wiederhacken (Widerhaken), euserst (äußerst), Tot (Tod), quahlvoll (qualvoll), Nahrungskwellen (Nahrungsquellen), ersatz (Ersatz), wintervorrat (Wintervorrat), futterstellen (Futterstellen), entfernung (Entfernung), antschließend (anschließend), ausschwermen (ausschwärmen)

Ausgelassene Wörter: 0

Fehlerkategorien:

A) Grundlegender Bereich

    1. Ausfertigung

        1.1 Schreibsorgfalt (SO)   0

        1.2 Konzentration (KO)   0

    2. Wahrnehmung

        2.1 Akustische Durchgliederung (DU)   1
           antschließend

        2.2 Akustische Differenzierung (DI)   2
           werschiedene, euserst

        2.3 Optische Differenzierung (OD)   0

    3. Speicherung

        3.1 Schreibung eines (Mehrfach-)Buchstabens (SB)   2
           beschteht, Nahrungskwellen

Interaktive Förderdiagnostik

LERNSERVER RECHTSCHREIBFÖRDERUNG

LEISTUNGSPROFIL
Münsteraner Rechtschreibanalyse

B) Regelbereich

1. Kennzeichnung von Länge und Kürze

    1.1 Konsonantenverdopplung (KV) 4
        Herscherin, wiederrum, plünderrungen, wiederhacken

    1.2 Schärfung des s-Lautes inklusive das-dass (SL) 0

    1.3 Dehnung, Silben-h (DH)   3
        werlos, wiederhacken, quahlvoll

2. Morphologische Orientierung

    2.1 Umlautableitung (UA) 3
        Wechterin, euserst, ausschwermen

    2.2 Auslautableitung (AA) 2
        entlos, Tot

    2.3 Gleichklingende Buchstaben(-gruppen) (GB) 1
        Wacksplättchen

    2.4 Schreibung von Nahtstellen (SN) 0

3. Weitere Aspekte der Wortschreibung

    3.1 Groß-Kleinschreibung (GK) 9
        aussterben, Erwachsene, eindringling, plünderrungen, wiederhacken, ersatz, wintervor
        futterstellen, entfernung

    3.2 Getrennt-Zusammenschreibung (GZ) 0

Anteil korrekt geschriebener Wörter: 57%
Anteil falsch geschriebener Wörter: 43%
Gesamtfehlersumme: 27
Fehlerquotient: 0,509
Mehrfachfehlerquotient: 1,174

Verhältnis von Wahrnehmungs- und Regelfehlern

81% Regelfehler

19% Wahrnehmungsfehler

Interaktive Förderdiagnostik

© Prof. Dr. F. Schönweiss & Team • Uni Münster

Seite 2 / 3

LEISTUNGSPROFIL
Münsteraner Rechtschreibanalyse

Verteilung der Fehler im grundlegenden Bereich

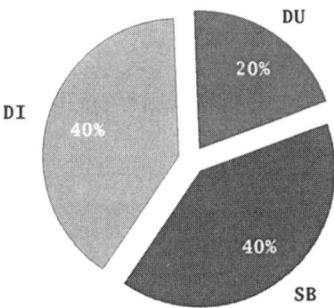

Verteilung der Regelfehler

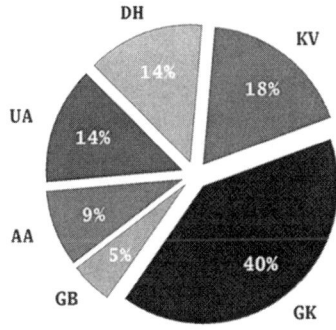

LEGENDE

Grundlegender Bereich: DI = Akustische Differenzierung, DU = Akustische Durchgliederung,
KO = Konzentration, OD = Optische Differenzierung, SB = Schreibung eines (Mehrfach-)Buchstabens,

Regelbereich: AA = Auslautableitung, DH = Dehnung, silbentrennendes 'h',
GB = Gleichklingende Buchstaben(-gruppen), GK = Groß-Kleinschreibung,
GZ = Getrennt-Zusammenschreibung, KV = Konsonantenverdopplung,
SL = s-Laute inklusive 'das-dass', SN = Schreibung von Nahtstellen, UA = Umlautableitung

Interaktive Förderdiagnostik

© Prof. Dr. F. Schönweiss & Team • Uni Münster

5.2   Systematische Beobachtung

Testverfahren messen grundsätzlich punktuell, also auf den Moment der Test-situation bezogen. Beobachtung dagegen vollzieht sich in längeren Zeiträu-men. Auch wenn Tests eher objektive und eindeutiger evaluierbare Ergebnisse erbringen als die eher subjektiven Beobachtungen der Lehrer, kann das auf keinen Fall heißen, dass diese subjektive Datenquelle im Geschäft des päda-gogischen Diagnostizierens nicht genutzt werden dürfte – im Gegenteil: Wäh-rend die Testsituation auch dann, wenn man in relativ kurzen Abständen kleine Tests schreibt, immer eine Besonderheit darstellt, liefert die Beobachtung der Schüler durch den Lehrer, gerade weil sie quasi nebenbei während des normalen Unterrichtsgeschehens abläuft, authentische Daten aus dem Unterricht.

Die Beobachtung des Lehrers muss allerdings systematisiert und struktu-riert sein. Die „naive" Beobachtung („sich ein Bild machen" – vgl. auch S. 57 f.) unterscheidet sich von der systematischen Beobachtung, die im sozialwissen-schaftlichen Bereich ja durchaus ein empirisches Erhebungsinstrument ist. Damit aus einer naiven Beobachtung eine systematisierte Methode wird, muss die Beobachtung

- einem konkreten Diagnosezweck dienen,
- in einen theoretischen Bezugsrahmen eingebettet sein,
- systematisch geplant und durchgeführt werden,
- kontinuierlich aufgezeichnet und
- transparent für alle Beteiligten sein.

Der Begriff „systematisch" meint, dass die Beobachtung innerhalb eines theo-retischen Rahmens erfolgt und der Überprüfung bestimmter Hypothesen dient und dass die Fragestellungen zu dem angestrebten Ziel passen.

Raster helfen bei der Strukturierung von Beobachtungen. Sie gliedern den Beobachtungsgegenstand in Kriterien auf, um zu einer möglichst exakten Dia-gnose zu kommen und dazu passgenaue Förder- und Fordermaßnahmen for-mulieren zu können. Die folgenden Beobachtungs- und Bewertungskriterien sind nach ihrem Anspruchsniveau geordnet: Am Beginn stehen die eher ein-fachen Basisqualifikationen, dann folgen die komplexeren und anspruchs-volleren weitergehenden Fähigkeiten. Diese Systematik versteht sich aber ausschließlich sachlogisch und nicht etwa altersspezifisch, d. h., alle Kriterien können und sollen für alle Altersstufen gültig sein und in allen Altersstufen erreicht werden!

Lernverhalten

Nicht nur in den unteren Klassen äußert sich positives Lernverhalten zunächst einmal in der Wahrnehmungsfähigkeit: Nimmt ein Schüler z. B. Veränderungen in seiner unmittelbaren Umgebung wahr? Wie detailgenau kann er Bilder oder Gegenstände beschreiben? Wie schnell und präzise entdeckt er Fehler, Unterschiede oder Gemeinsamkeiten beim Vergleich von Bildern, Texten, mathematischen Reihen?

Auf der Wahrnehmungsfähigkeit baut die Wiedergabefähigkeit auf: Kann der Schüler mit zunehmendem Alter immer komplexer werdende Sachverhalte, Abläufe, Strukturen, Versuchsaufbauten, Texte usw. lückenlos wiedergeben und beschreiben? Bemerkt er Fehler bzw. Fehlendes bei den Beiträgen der Mitschüler? Hat er ein gutes Erinnerungsvermögen (auch an weit früher Gelerntes)?

Eng verknüpft mit der Wiedergabefähigkeit ist das Ausdrucksvermögen (das unmittelbar in die Fachnoten zumindest der sprachlich orientierten Fächer eingeht!). Verfügt der Schüler über einen großen Wortschatz und körperliches Ausdrucksvermögen? Kann er anschaulich erklären und seine Aussagen anderen verständlich machen?

Das nächste Beobachtungs- und Bewertungskriterium ist die Transfer- oder Übertragungsfähigkeit: Ist der Schüler in der Lage, Bekanntes auf Unbekanntes zu übertragen, indem er z. B. neue, aber strukturgleiche Aufgaben oder Aufgaben mit gleichartiger Problemstellung selbstständig löst? Kann er sich problemlos von vertrauten Vorgaben auf neue Bedingungen umstellen? Überträgt er gelernte Regeln auf für ihn neue Sachverhalte bzw. ist er in der Lage, Bekanntes unter neuen Perspektiven zu sehen?

Die anspruchsvollste Ebene in Bezug auf das Lernverhalten bildet die Auffassungs- und Beurteilungsfähigkeit: Erkennt der Schüler schnell das Wesentliche, die Grundzüge in einer bestimmten Unterrichtssituation? Erfasst er die Zusammenhänge und logischen Verknüpfungen? Ist seine Auffassungsfähigkeit von der Art der medialen Präsentation unabhängig, erfasst er simultan komplexe Prozesse? Die Beurteilungsfähigkeit zeigt sich in folgenden Qualifikationen: Kann der Schüler zwischen Darstellung und Kritik eines Sachverhaltes unterscheiden? Bemüht er sich um eine möglichst breite Informationsgrundlage vor der Abgabe des eigenen Urteils? Erkennt er Widersprüchlichkeiten in (auch eigenen) Schlussfolgerungen? Hinterfragt er andere Ansichten, Lösungsvorschläge, Anweisungen, Ursachenvermutungen? Ist er in der Lage, Konsequenzen eines Urteils abzuschätzen?

Praktisch quer zur übrigen Systematik dieses Abschnittes (und für die einzelnen Schulfächer von ausgesprochen unterschiedlicher Bedeutung) ist das Kriterium praktisches, psychomotorisches Geschick: Kann der Schüler seine Bewegungen gut koordinieren? Besitzt er manuelle und feinmotorische

Geschicklichkeit? Hat er ein ausgeprägtes Rhythmusgefühl? Hier sollte jeder Lehrer individuell für seine Klasse oder Lerngruppe entscheiden, ob er dieses Kriterium in die Beobachtung mit einbezieht.

Arbeitsverhalten

Auch hier beginnt es mit der Basisqualifikation, der Arbeitsdisziplin: Bringt der Schüler regelmäßig alle pflichtgemäß erledigten Hausaufgaben und sonstigen Arbeitsmaterialien in die Schule mit? Beginnt er in der Schule selbstständig zu erledigende Aufgaben ohne Umschweife? Arbeitet er sorgfältig, zielgerichtet und präzise?

Zweiter Beobachtungs- und Beurteilungsschwerpunkt ist die eigene Arbeitsorganisation: Gliedert der Schüler die Arbeiten sinnvoll? Hat er eine gute Zeiteinteilung? Plant er zunächst die anzugehende Arbeit und legt sich den möglichen Lösungsweg zurecht? Vergleicht er Aufgabenstellung und Resultat?

Hiermit eng verbunden ist das Kriterium Konzentration und Ausdauer: Arbeitet der Schüler gleichmäßig über längere Zeit? Verfügt er über einen langen Atem bei anspruchsvollen Aufgaben? Entwickelt er eine hohe Störresistenz?

Das nächst anspruchsvolle Kriterium in der Hierarchie ist Sicherheit und Selbstständigkeit: Arbeitet der Schüler selbstständig auch ohne Kontrolle oder Bestätigung durch den Lehrer? Kann er die eigene Arbeit eigenständig planen und durchführen? Weiß er sich angesichts auftauchender Probleme selber zu helfen bzw. zu improvisieren? Beschafft er sich bei Bedarf eigenständig weitere Informationen? Kann er die Qualität seiner eigenen Arbeit realistisch einschätzen?

Schließlich kann noch das Interesse und Engagement bewertet werden: Übernimmt der Schüler freiwillig Arbeit und ist er stets bestrebt, das eigene Wissen zu erweitern? Entwickelt er Eigeninitiative? Macht er vor der Klasse eigene Anregungen und Vorschläge? Lässt er sich durch Misserfolge nicht sofort demotivieren, ist er also primär intrinsisch motiviert?

Sozialverhalten

Zunächst geht es schlicht um die Hilfsbereitschaft: Respektiert der Schüler die Wünsche, Bedürfnisse und Ansprüche der anderen und stellt die eigenen zumindest zeitweise zurück? Hilft oder unterstützt er andere? Schützt er Schwächere gegen Mitschüler oder Lehrer? Übernimmt er freiwillig Aufgaben?

Zweites Kriterium ist die Kontaktfähigkeit – allerdings ist dies Kriterium tückisch und mit Vorsicht anzuwenden, denn charakterlich bedingte Introvertiertheit ist keineswegs schlechter als Kontaktfreude! Der Beobachter muss

gerade unter diesem Aspekt sich also quasi auf die Ebene der jeweiligen gene-
tischen Konditionierung begeben und dementsprechend relativ werten: Findet
der Schüler leicht Kontakt? Spricht oder spielt er z.B. in den Pausen mit anderen, arbeitet er häufig mit wechselnden Mitschülern, hat er viele Freunde?
Soziale Sensibilität: Nimmt der Schüler Stimmungen in der Lerngruppe wahr
und kann er darauf angemessen reagieren? Erkennt er Bedürfnisse und
Gefühle der Mitschüler? Kann er die eigenen Befindlichkeiten spontan äußern?
Entwickelt er Empathie und Ambiguitätstoleranz? Schätzt er die eigene Stellung in der Klasse richtig ein?

Die drei noch folgenden Kriterien gelten heute als überaus wichtige „Schlüsselqualifikationen" nicht nur in der Schule, sondern auch in vielen Bereichen
der Wirtschaft und des späteren Arbeitslebens.

In erster Linie ist dies die Kooperations- und Integrationsfähigkeit: Schätzt
der Schüler die Partner- und Gruppenarbeit? Ist er bemüht, in der Gruppe alle
Meinungen zu hören? Hält er sich – auch ohne Kontrolle – an vereinbarte
Regeln? Betrachtet er auch gemeinsam erbrachte Gruppenleistungen als individuelle Bereicherung? Ist er auch zur Erledigung „undankbarer" Aufgaben
bereit?

Konfliktfähigkeit sollte auf keinen Fall mit Streitsucht verwechselt werden:
Geht der Schüler keinem notwendigen Konflikt aus dem Wege, sucht aber
immer nach für alle fairen Lösungen? Fragt er nach Konfliktursachen? Ist er
nicht nachtragend? Bietet er sich als Schlichter bei Konflikten anderen an? Ist
er auch als Angegriffener bereit, dem Gegenüber entgegen zu kommen?

Eng verwandt hiermit und in einem gegenseitigen Abhängigkeitsverhältnis
stehend ist die Kritikfähigkeit: Ist der Schüler in der Lage, Kritiken offen zu
äußern? Kritisiert er positiv aufbauend und sachlich argumentierend? Kann
er Kritik am eigenen Verhalten, den eigenen Ansichten vertragen? Ist er in der
Lage, vorgebrachte Kritik sachlich als unberechtigt zurückzuweisen, aber ggf.
ebenso gut als berechtigt zu akzeptieren und sein Verhalten entsprechend zu
ändern?

Den Abschluss der Beobachtungs- und Bewertungskriterien zum Sozialverhalten bilden die Aspekte Sicherheit und Selbstbehauptung:

Wirkt der Schüler in Stresssituationen ruhig und gelöst und leistungsbereit?
Formuliert er offen seine Unzufriedenheit? Steht er zu seiner Meinung (selbst,
wenn er der Einzige ist)? Lässt er sich durch Kritik nicht so schnell verunsi-
chern? Besteht er darauf, angehört zu werden bzw. andere zu Wort kommen
zu lassen?

Im Kapitel 7.3 finden Sie eine Reihe von Kopiervorlagen zur systematischen
Beobachtung von Lern-, Arbeits- und Sozialverhalten.

6. Das Praxiskapitel I: Schülerselbstbeobachtung und -wahrnehmung

In den beiden nächsten Kapiteln finden Sie Kopiervorlagen und Beispiele, die Sie unmittelbar in der schulischen Praxis anwenden oder für Ihre eigenen Bedürfnisse und Vorstellungen ändern und umarbeiten können.

Vor der eigentlichen Arbeit mit Lernplänen und Lernvereinbarungen sollte nach unseren Erfahrungen eine Phase der Schülerselbstbeobachtung und -wahrnehmung geschaltet werden: Die Schüler werden so in den Prozess des selbstverantwortlichen Lernens aktiv eingebunden. Deswegen lassen wir zum Schuljahresbeginn bzw. immer dann, wenn wir eine neue Klasse übernehmen, Schülerporträts oder -steckbriefe erstellen. Jeder Schüler notiert die Dinge, die für ihn wichtig sind. Zu Beginn des nächsten Schuljahres können diese Porträts überarbeitet, ergänzt oder neu erstellt werden. So ergibt sich eine kontinuierliche Selbstbeschreibung der Schüler im Laufe der Schulzeit. Veränderungen werden bewusst wahrgenommen; Bilder und Fotos zeigen auch optisch die Entwicklung auf – sehr zum Spaß der Schüler.

Wir legen für jeden Schüler ein Portfolio an, in dem alle Porträts, Lernvereinbarungen usw. gesammelt werden und mit dessen Hilfe sich sein „Lernverlauf" gut und inhaltlich strukturiert nachvollziehen lässt – nicht nur für den Schüler, sondern auch für die Eltern und für uns Lehrer. Die Lehrer der nachfolgenden Jahrgänge schätzen diese Dokumentationen, denn sie können die schriftlich fixierten Vereinbarungen und Pläne als Grundlage für ihre Arbeit mit dem Schüler nutzen.

Schülerporträt

Name: _____

Klasse: _____

Foto

Was ich schon immer über mich erzählen wollte:

Das sind meine Hobbys:

Das mache ich in meiner Freizeit:

Diese/n Menschen bewundere ich:

Das kann ich zuhause und in der Freizeit besonders gut:

Das sind meine Lieblingsfächer:

Das kann ich in der Schule besonders gut:

Das gefällt mir in/an der Schule am besten:

Das sind meine Lieblingsfächer:

_____

Warum?

_____

Ich bin besonders gut im/in:

_____

Warum?

_____

Das sind meine Stärken im Unterricht:

_____

So arbeite ich besonders gerne im Unterricht:

_____

Das gefällt mir im/am Unterricht besonders gut:

_____

Warum?

_____

Das stört mich im Unterricht am meisten:

_____

Das kann ich noch nicht so gut:

_____

Was ich unbedingt noch lernen möchte:

_____

Worauf ich mich in der Schule freue:

_____

Wenn ich drei Wünsche frei hätte, würde ich mir wünschen:

Schülerprofil – mein persönliches Profil
Selbsteinschätzung: meine Stärken bestimmen und meine Ziele klären

Name:_____ Datum: _____

		+2	+1	−1	−2
1.	Ich bin körperlich belastbar.				
2.	Ich bin handwerklich geschickt.				
3.	Ich mache praktische Arbeiten gerne.				
4.	Ich bin an vielen Dingen interessiert und möchte viel darüber lernen.				
5.	Ich erledige schriftliche Arbeiten sorgfältig.				
6.	Ich erledige schriftliche Arbeiten rechtzeitig.				
7.	Ich kann mich über einen längeren Zeitraum konzentrieren.				
8.	Ich verstehe schnell, wenn mir etwas erklärt wird.				
9.	Ich frage nach, wenn ich etwas nicht verstanden habe.				
10.	Ich erarbeite mir gerne selbst ein Thema.				
11.	Ich erledige wichtige Dinge gleich und verschiebe sie nicht auf später.				
12.	Ich lege Wert auf Ordnung in meinem Umfeld.				
13.	Ich gehe mit Arbeitsmaterial pfleglich um.				
14.	Ich habe beim Arbeiten mein Ziel vor Augen.				
15.	Ich will ein Ziel, das ich mir gesetzt habe, erreichen, auch wenn es schwerfällt.				
16.	Ich arbeite selbstständig an einer Aufgabe weiter, auch wenn sie auf den ersten Blick schwierig ist.				
17.	Ich bringe neue Ideen in den Unterricht ein.				
18.	Ich bin kontaktfreudig und gerne mit anderen zusammen.				
19.	Ich kann gut mit anderen zusammenarbeiten.				
20.	Ich helfe anderen, wenn sie etwas nicht verstehen.				
21.	Ich setze mich für Mitschülerinnen und Mitschüler ein.				
22.	Ich übernehme Aufgaben für die Schulgemeinschaft				
23.	Ich kann bei einem Streit auch nachgeben.				
24.	Ich kann Kritik hinnehmen.				
25.	Ich packe gerne mit an, wenn irgendwo Arbeit anfällt.				
26.	Ich halte ein, was ich zugesagt habe.				
27.	Ich bin pünktlich.				

**Fremdeinschätzung –
meine Stärken bestimmen und meine Ziele klären**

Dieses Blatt hat ausgefüllt: _____

über (Name): _____

Datum: _____

		+2	+1	−1	−2
1.	… ist körperlich belastbar.				
2.	… ist handwerklich geschickt.				
3.	… macht praktische Arbeiten gerne.				
4.	… ist an vielen Dingen interessiert und möchte viel darüber lernen.				
5.	… erledigt schriftliche Arbeiten sorgfältig.				
6.	… erledigt schriftliche Arbeiten rechtzeitig.				
7.	… kann sich über einen längeren Zeitraum konzentrieren.				
8.	… versteht schnell, wenn ihr/ihm etwas erklärt wird.				
9.	… fragt nach, wenn sie/er etwas nicht verstanden hat.				
10.	… erarbeitet sich gerne selbst ein Thema.				
11.	… erledigt wichtige Dinge gleich und verschiebt sie nicht auf später.				
12.	… legt Wert auf Ordnung in ihrem/seinem Umfeld.				
13.	… geht mit Arbeitsmaterial pfleglich um.				
14.	… hat beim Arbeiten ihr/sein Ziel vor Augen.				
15.	… will ein Ziel, das sie/er sich gesetzt hat, erreichen, auch wenn es schwer fällt.				
16.	… arbeitet selbstständig an einer Aufgabe weiter, auch wenn sie auf den ersten Blick schwierig ist.				
17.	… bringt neue Ideen in den Unterricht ein.				
18.	… ist kontaktfreudig und gerne mit anderen zusammen.				
19.	… kann gut mit anderen zusammenarbeiten.				
20.	… hilft anderen, wenn sie etwas nicht verstehen.				
21.	… setzt sich für andere ein.				
22.	… übernimmt Aufgaben für die (Schul-)Gemeinschaft.				
23.	… kann bei einem Streit auch nachgeben.				
24.	… kann Kritik hinnehmen.				
25.	… packt gerne mit an, wenn irgendwo Arbeit anfällt.				
26.	… hält ein, was sie/er zugesagt hat.				
27.	… ist pünktlich.				

7. Das Praxiskapitel II: Arbeit mit Lernplänen und Lernvereinbarungen

In diesem Kapitel finden Sie die Kopiervorlagen und Beispiele, mit denen Sie unser Konzept im schulischen Alltag umsetzen können, also für die Arbeit mit Lernplänen und Lernvereinbarungen. Der Aufbau des Kapitels folgt der auf den Seiten 44–54 dargestellten Systematik sowie der Grafik von Seite 45.

- Wir beginnen mit der Darstellung zweier schulinterner Methodencurricula als Beispiele für schulspezifische Lehrplangestaltung.
- Es folgen Beispiele für die Umsetzung unseres Konzeptes in Themenplänen für die Fächer Mathematik und Politik.
- Zu der darauf folgenden Eingangsdiagnose finden Sie Beispiele für Tests, Beobachtungsbögen und Selbstdiagnosen.
- Der nächste Abschnitt zeigt Beispiele von Lernplänen mit Fördermaßnahmen, die sowohl im Fachunterricht als auch in Sonderkursen eingesetzt werden können.
- Den Abschluss bilden einige Beispiele für Lernpläne auf der Basis von Lernkontrakten, Lernvereinbarungen und Arbeitsbündnissen.

7.1 Schulcurricula

Bis in die Neunzigerjahre waren die dienstlichen Vorgaben für die Lehrer wie Rahmenrichtlinien, Lehrpläne, einheitliche Prüfungsanforderungen usw. ausschließlich fachlich-inhaltlicher Natur und beschrieben mehr oder weniger exakt das in einem bestimmten Zeitraum, einer bestimmten Jahrgangsstufe und Schule zu erarbeitende Wissen. Die methodische Umsetzung dieser inhaltlichen Vorgaben war weitestgehend in die Hand und in den Verantwortungsbereich des einzelnen Kollegen gelegt (auch wenn es schon immer Unterschiede je nach Schulform gegeben hat). Dem entsprach im Großen und Ganzen auch die wissenschaftliche Pädagogik: Seit Klafkis grundlegendem Aufsatz „Didaktische Analyse als Kern der Unterrichtsvorbereitung" (Klafki 1958) hat der Schwerpunkt der Lehrerausbildung in der ersten und in der zweiten Phase auf der Auswahl und didaktischen Aufbereitung der zu vermittelnden Inhalte gelegen, die Methoden galten dagegen als nachrangig. Eine Ausnahme bildete hier lediglich die „Lerntheoretische Didaktik" (oder Berliner Schule, vgl. Heimann/Otto/Schulz 1965), in deren „Strukturanalyse" die Methodik als einer von sechs Einzelaspekten ihren Platz findet.

Seit Anfang der Neunzigerjahre verbreiten sich zunehmend Konzepte des Handlungsorientierten Unterrichts, der Frei- und Arbeitsplanarbeit, des Stationenlernens – das Bild beginnt sich zu wandeln, zunächst in den Grundschulen, dann auch im Sekundarbereich I und im berufsbildenden Sektor, und in Ansätzen schließlich auch in der gymnasialen Oberstufe. Die Methoden gewinnen an Bedeutung.

Doch erst der bereits sattsam erwähnte PISA-Schock bringt den entscheidenden Umschwung: Unter Stichworten wie „Profilschule", „eigenverantwortliche Schule", „Leitbild Schule" usw. (von Bundesland zu Bundesland verschieden) werden – teils vonseiten der Schulaufsichtsbehörden und Kultusministerien, teils aber auch „von unten" durch die einzelnen Schulen selber – schulinterne Programme und Curricula entwickelt. Neben den Bereich der Entwicklung von Fach- und Sachkompetenz treten in diesen Plänen gleichwertig und gleichberechtigt die Aspekte der Lern- und Methodenkompetenz sowie der emotionalen und sozialen Kompetenz. Eine Pionierrolle kommt in diesem Zusammenhang dem Kollegium der Realschule Enger zu, das ihr schulinternes Methodencurriculum in mittlerweile sechs Büchern der Öffentlichkeit zugänglich gemacht hat (Realschule Enger 2001 ff.).

Wir begreifen die Entwicklung solcher Curricula als wichtigen Schritt hin zu der von uns gewünschten „Diagnose-, Förder- und Forderschule" und stellen deshalb hier exemplarisch zwei Schulprogramme aus zwei verschiedenen Schulformen (Sekundarschule/Gymnasium) und aus zwei Bundesländern (Sachsen-Anhalt/Niedersachsen) vor.

Im Anschluss daran finden Sie ein Beispiel für die fachspezifische Seite des Schulcurriculums (Mathematik, Klasse 5).

Schulprogramm Sekundarschule: Fachspezifische Arbeitstechniken

	Deutsch	Mathematik	Fremdsprachen

Klasse 5	• siehe allgemeine Arbeitstechniken
	• freies Schreiben
	• Lesetechniken
	• selbstständiges Berichtigen
	• ausdrucksvoller Vortrag (Gedicht)
	• zusammenhängendes Sprechen
	• Arbeit am Satz (Regeln der Grammatik)
		• Textaufgaben (Erfassen des Wesentlichen, „geg.", „ges.", durch Unterstreichen, Fragestellung herausschreiben, Anfertigen von Skizzen)
		• Geometrie
		  – Zeichnen von „dicken" und „dünnen" Linien
		  – Umgang mit Geo-Dreieck, Zirkel
		  – genaues Messen von Strecken und Winkeln
		• Arbeit an der Tafel mit Erläutern des Lösungsweges
			• Mindmap
			• Lernkartei

Klasse 6	• freies Reden • miteinander Sprechen (Dialoge, Interviews und Streitgespräche führen) • Arbeit am vielfältigen Wortschatz (wortgewandt sprechen)	• sauberes Konstruieren • Anfertigen von Modellen • Erfassen und Auswerten von Daten • Lesen und Anfertigen von Diagrammen • Ansätze von Beweisen	• Erstellen von Postern • Interview, Dialog, Umfrage
Klasse 7	• Auswertung von Karikaturen und Bildern • Duden	• Beweisen von Aussagen • Überprüfen der Gültigkeit von Aussagen und Konstruktionsbeschreibungen • Nutzung von Tafelwerk und Taschenrechner als Hilfsmittel	• 5-Schritt-Lesemethode • Strukturlegeplan
Klasse 8	• Arbeit mit dem Regelteil des Dudens • Kurzvorträge anhand von Stichpunkten • erste Versuche/Übungen zum Führen und Leiten einer Diskussion	• selbstständiges Erarbeiten von Kenntnissen • Nutzung verschiedener Nachschlagewerke • Bauen komplizierter Modelle	• in Ansätzen: Referate und freies Sprechen • Arbeit mit dem Wörterbuch • Textarbeit • Notizen nach den Fertigkeiten Hören, Lesen, Sehen (vgl. Lernkanäle)
Klasse 9/10	• selbstständiges Führen einer Diskussion • Rhetorik	• Tabellenkalkulation • Längsschnitte über ein bestimmtes Thema • selbstständiges Darstellen von Themen in einer Übersicht	• Kurzvortrag • Stichwortzettel • Projekte

	Naturwissenschaften	Gesellschaftswissenschaften	Arbeit/Wissenschaft/ Hauswirtschaft
Klasse 5	• Beobachtungsprotokolle	• Atlasarbeit • Auswerten und Erstellen von Diagrammen • Umrisskarten ausfüllen • Kartenarbeit	
Klasse 6	• Beobachtungsprotokolle • Durchführung einfacher Experimente laut Vorgabe (dazu Protokoll in Ansätzen)	• Steckbriefe (zu den Ländern) • Quellenarbeit anhand konkreter Fragestellung • Auswerten von Karikaturen und Bildern • freies Reden	
Klasse 7	• Anfertigen eines einheitlichen Protokolls • Umgang mit Laborgeräten • Umgang mit Chemikalien • Experimentieren auf höherem Niveau	• Legenden erarbeiten • Arbeit mit Sachtexten • Längsschnitte durch bestimmte Gebiete der Geschichte anfertigen (in Anfängen)	• Umgang mit dem Computer • Umgang mit Arbeitsmitteln zum technischen Zeichnen
Klasse 8	• Festigen der Protokollführung	• selbstständiges Darstellen von geschichtlichen Themen in einer Übersicht	• Projektarbeit
Klasse 9/10	• Protokoll • experimentelle Methode • Längsschnitt über ein bestimmtes Thema • selbstständiges Darstellen von Themen in einer Übersicht • Experimente in Problemsituationen und Problemlösungsprozesse einbinden	• selbstständiges Führen einer Diskussion • Längsschnitt durch ein bestimmtes Thema • selbstständiges Darstellen von Themen in einer Übersicht	

Schulprogramm der Sekundarschule Parey, Sachsen-Anhalt

Schulprogramm Gymnasium

Klassenstufe → / Kompetenz ↓	5	6	7	8	9	10	Oberstufe
Textbearbeitung	Modul I *** Fach: De Lesetechniken, sinnentnehmendes Lesen, markieren, unterstreichen, Stichworte		Modul II *** Fach: De strukturieren, gliedern, zusammenfassen in eigenen Worten		Modul III *** Fach: De zitieren		
Mindmapping					Madul I *** Fach: En Mindmapping		
Interpretation von Datenmaterial	Modul I *** Fach: Ek Karten und Tabellen, Stadtpläne lesen, Atlasarbeit		Modul II *** Fach: Ma Darstellungsarten von Statistiken		Modul III *** Fach: Ek kritische Interpretationen von statistischem Material		
Referate	Modul I *** Fach: Bi Kurzreferate halten		Modul II *** Fach: De Freie Rede, Referat (Buchvorstellung)		Modul III *** Fach: En Präsentationssoftware (z.B. Powerpoint) als Hilfsmittel		Modul IV Seminarfach Vortragstechniken, Bewertung, Körpersprache
Gesprächstechniken	Modul I Fach: Klassenlehrer freie Rede, aktives Zuhören, Diskussion		Modul II Fach: Po Diskussion, Argumentation, Fragetechnik, Interview		Modul III Fach: Po Rhetorik (Gesprächsleitung)		
Arbeitsorganisation	Modul I Fach: Klassenlehrer Hausaufgaben, Karteikarten, Klassenarbeitsvorbereitung, Arbeitsgruppen, Zeiteinteilung, Ordnen, Mappenführung, effektives Üben		Modul II Fach: Ku Systematisierung der Arbeitsabläufe, selbstständiges Arbeiten (am Beispiel einer Langzeitaufgabe)				Modul III Seminarfach Lerntypanalyse
schriftliche Ausarbeitungen	Modul I *** Fach: Klassenlehrer Klassenfahrtsbericht			Modul II *** Fach: Re/Wt/Rk Protokollieren	Modul III *** Fach: Po Praktikumsbericht	Modul IV *** Fach: Gs Quellenarbeit	Modul V Seminarfach Archivarbeit, Bibliotheksarbeit, Exzerpieren, Facharbeit
Textverarbeitung (Computer)	Modul I *** Fach: Klassenlehrer Einführung in die Textverarbeitung und in die Internetarbeit; Anwendung am Beispiel des Klassenfahrtsbericht		Modul II *** Fach: De Inhalte muss das Fach De mit Fr/La noch festlegen		Modul III *** Fach: Fr/La Inhalte muss das Fach De in Absprache mit Fr/La noch festlegen		
Internetarbeit (Computer)			Modul II *** Fach: Re/Rk/Wt Inhalte müssen die Fächer noch festlegen				
Tabellenkalkulation (Computer)			Modul I *** Fach: Ma Inhalte muss das Fach noch festlegen		Modul II *** Fach: Ma Inhalte muss das Fach noch festlegen		

Die mit *** gekennzeichneten Module sind durch eine Abschlussüberprüfung zu beenden.
In anderen Fällen dokumentiert das Zertifikat nur die Teilnahme an den Modulen.

Gymnasium an der Willmsstraße Delmenhorst, Niedersachsen

Arbeitspläne Mathematik Klassen 5 Lise-Meitner-Schule KGS Moordeich

Zeitraum	prozessbezogene Kompetenzen	inhaltsbezogene Kompetenzen	Lehrbuch/Schulbuch	Klassenarbeit
	Mathematisch modellieren	**Zahlen und Operationen**	**UE 1 Natürliche Zahlen**	
	Mathematisieren Situationen aus Sachaufgaben in mathematische Modelle übersetzen (Terme, Figuren, Diagramme)	*Darstellen* rationale Zahlen auf verschiedene Weisen und situationsangemessen darstellen: Wortform, Stellenwerttafel, Ziffernidarstellung, Zahlensymbole, Zahlengerade	1 Große Zahlen-Stelltafel	
	Validieren am modell gewonnene Lösungen an der Realsituation überprüfen		2 Das Zweiersystem	
			3 Runden mir Zahlen	
	Realisieren geometrische Objekte, Diagramme, Tabellen, terme,relative Häufigkeiten oder Wahrscheinlichkeiten zur Ermittlung von Lösungen verwenden	*Ordnen* rationale Zahlen ordnen und vergleichen	4 Rechnen mit natürlichen Zahlen	
		Operieren rationale Zahlen in alltagsrelevanten Zahlenräumen schriftlich addieren, subtrahieren, multiplizieren, dividieren und mit einfachen Exponenten potenzieren;einfache Aufgaben auch im Kopf	5 Addieren und Subtrahieren	
	Probleme mathematisch lösen		6 Rechengesetze der Addition	
	Erkunden inner- und außermathematische Problemstellungen erfassen, in eigenen Worten wiedergeben, mathematische Fragen stellen und überflüssige von relevanten Grössen unterscheiden		7 Schriftliches Addieren	
			8 Vermischte Übungen zum Addieren und Subtrahieren	
	Lösen Näherungswerte für erwartete Ergebnisse durch Schätzen und Überschlagen ermitteln, Plausibilitätsüberlegungen durchführen, Tabellen, Skizzen, Graphen, elementare mathematische Regeln und Verfahren zur Problemlösung nutzen	*Anwenden* Assoziativ-, Kommutativ-und Distributivgesetze in Sachzusammenhängen erläutern, an Beispielen begründen und zum vorteilhaften Rechnen nutzen, Zusammenhänge zwischen den Grundrechenarten erläutern und bei Sachproblemen nutzen, Runden und Überschlagsrechnungen in Sachzusammenhängen nutzen und zur Kontrolle von Ergebnissen verwenden	9 Multiplizieren und Dividieren	
			10 Rechengesetze	
			11 Schriftliches Multiplizieren und Dividieren	
	Reflektieren Ergebnisse in Bezug auf die ursprüngliche Problemstellung deuten, Fehler erkennen, beschreiben und korrigieren		12 Potenzieren	
			13 Primzahlen	
	Mathematisch argumentieren		14 Vermischte Übungen zu allen Rechenarten	
	Argumentieren Fragen stellen, Vermutungen äußern und Informationen bewerten		15 Aufgaben zur Vertiefung	
	Verbalisieren mathematische Sachverhalte, Problemstekungen, Begriffe, Regeln und Verfahren mit eigenen Worten und geeigneten Fachbegriffen erläutern		Gegebenenfalls können andere Zahlensysteme (binäres, römisches) behandelt werden	
	Begründen verschiedene Arten des Begründens intuitiv nutzen: Beschreiben von Beobachtungen, Plausibilitätsüberlegungen, Angaben von Beispielen oder Gegenbeispielen			
	Kommunizieren eigene und vorgegebene Lösungswege beschreiben, begründen und bewerten, Fehler finden, erklären und korrigieren			

In Niedersachsen gibt es mittlerweile eine offizielle, vom Kultusministerium veröffentliche Checkliste: „Wie gut ist unser Schulprogramm?", mit der die einzelnen Schulen die Qualität ihres schulinternen Programms evaluieren können. Die Checkliste gliedert sich auf in folgende Bereiche:

A: Beteiligungsverfahren und Produkt
1. Das Schulprogramm ist in einem transparenten Prozess erarbeitet und formal korrekt verabschiedet worden.
2. Das Schulprogramm liegt in verständlich geschriebener Form vor.

B: Inhaltliche Schwerpunkte des Schulprogramms
1. Das SP enthält eine (kurze) Situationsbeschreibung der Schule.
2. Das Schulprogramm beinhaltet das Leitbild der Schule bzw. enthält zentrale pädagogische Leitsätze oder Grundorientierungen.
3. Das Schulprogramm beinhaltet ein Arbeitsprogramm mit Entwicklungszielen und Umsetzungsmaßnahmen.

C: Veröffentlichung und Umsetzung
1. Das SP ist für alle Beteiligten und Interessierten zugänglich.
2. Die Umsetzung des Schulprogramms findet in einem planvollen Verfahren statt.

D: Evaluation und Fortschreibung
1. Das Schulprogramm wird in einem vereinbarten Verfahren regelmäßig überprüft (evaluiert).
2. Das Schulprogramm wird regelmäßig fortgeschrieben.

E: Folgen und Nebenwirkungen der Schulprogrammarbeit
1. Die Arbeit am SP hat nicht zu unzumutbaren Belastungen oder nachhaltigen Konflikten geführt.
2. Die Arbeit am SP hat positive Auswirkungen auf die Arbeits- und Lernkultur der Schule.

(c) Niedersächsisches Kultusministerium (die vollständige Checkliste findet sich im Internet unter http://www.nibis.de/nibis.phtml?menid=977)

Themenplan zur Bruchrechnung, Klasse 5

1. Lernvoraussetzungen

Inhaltsbezogene Kompetenzen:
- Zahlen darstellen können (z.B. Zahlenstrahl)
- Rechnen mit natürlichen Zahlen (Addition, Subtraktion, Multiplikation, Division)
- Rechengesetz: Punkt- vor Strichrechnung
- Primzahlen (Vielfache)

Prozessbezogene Kompetenzen:
- Situationen aus Sachaufgaben in mathematische Modelle übersetzen
- Lösungen an Realsituationen überprüfen
- Geometrische Objekte zur Ermittlung von Lösungen verwenden
- Elementare mathematische Regeln und Verfahren nutzen
- Ergebnisse deuten (reflektieren)
- Fragen stellen, Vermutungen äußern, Informationen bewerten
- Verschiedene Arten des Begründens nutzen
- Lösungswege beschreiben, begründen und bewerten
- Fehler finden, erklären und korrigieren

Lernvoraussetzungen testen

1. a) Welche Zahlen sind hier markiert?

0   100

b) Trage die folgenden Zahlen auf einem Zahlenstrahl deiner Wahl
ein: 5, 13, 45, 120 und 725

2. Löse folgende Aufgaben möglichst geschickt und schreibe deinen
Lösungsweg auf:
$1393 - 97 - 283 =$ $15 \cdot 33 : 3 =$
$212 \cdot 105 =$ $7 \cdot 8 + 2 \cdot 6 =$
$1272 : 12 =$ $213 + 104 + 87 =$

3. Welcher Rechenausdruck ergibt die größte Zahl? Erläutere bitte,
warum gerade der von dir gewählte Term die größte Zahl ergibt!
$3 + 4 + 5 =$ $3 + 5 \cdot 4 =$
$3 \cdot 4 \cdot 5 =$ $3^4 \cdot 5 =$
$3 \cdot 4 + 5 =$

4. Welche Rechenausdrücke sind richtig berechnet worden?
a) $15 + 6 \cdot 3 = 33$ $15 + 6 \cdot 3 = 63$
b) $9 \cdot 35 - 27 = 72$ $9 \cdot 35 - 27 = 288$
c) $7 \cdot 15 - 35 : 5 = 98$ $7 \cdot 15 - 35 : 5 = 14$
Wie sind die Fehler entstanden?

5. Schreibe die Teilermengen von 30, 40 und 90 auf. Welche der Zahl
hat die meisten Teiler?

6. 32 Spielkarten sollen gleichmäßig an alle Mitspieler verteilt werden.
Für welche Anzahl von Spielern ist dies möglich? Begründe bitte
deine Antwort.

7. In Jans Klasse haben viele Kinder ein Haustier. 7 haben einen
Hund, 4 eine Katze, 3 einen Kanarienvogel, 9 ein Meerschweinchen,
2 ein Kaninchen und 5 haben kein Haustier. Fertige ein „mathema-
tisches Bild" für Jans Klasse an.

8. Wenn ein Ball aus Gummi zu Boden springt, dann springt er immer
die Hälfte der Strecke wieder hoch. Marie lässt den Ball von ihrem
16 m hohen Haus runterfallen. Welche Gesamtstrecke hat der Ball
zurückgelegt, wenn er das dritte Mal den Boden berührt?

9. Das Autoradio meldet folgenden Verkehrshinweis: Vor der
Anschlussstelle Bonn 6 km Stau. Wie viele Autos stehen auf dem
zweispurigen Autobahnabschnitt im Stau? Hast du eine gute Idee
zur Lösung dieser Aufgabe?

2. Unterrichtseinheit: Bruchzahlen Jahrgang 5/6

Inhaltsbezogene Kompetenzen:

Grundlegende Kenntnisse	Vertieftes Wissen
– einfache Brüche und Anteile bildhaft darstellen – einfache Brüche aus bildhaft darge-stellten Anteilen mit regelmäßiger Anordnung erkennen – Erweitern und Kürzen mit einfachen Zahlen – einfache Brüche am Zahlenstrahl ablesen, erkennen und darstellen – Brüche vergleichen – Quotient als Bruch – Umwandeln von Brüchen in Dezimal-brüche und umgekehrt (rein periodisch, abbrechend)	– Brüche und Anteile mit komplexen Strukturen darstellen – Brüche aus bildhaft dargestellten Anteilen mit schwer zu erkennender Anordnung erkennen – Erweitern mit „ungewöhnlichen" Zahlen – Brüche mit großen Zahlen (Zähler, Nenner) erkennen, darstellen und vergleichen – gemischte Darstellung von Brüchen – beliebige periodische Dezimalbrüche – Verhältnisse beim Teilen und Mischen – Maßstäbe

Prozessbezogene Kompetenzen:

Grundlegende Kenntnisse	Vertieftes Wissen
– Situationen und Probleme aus dem Umfeld der Schüler/innen, die positive rationale Zahlen enthalten, mathematisieren – einfache Modelle entwickeln, Lösungen finden und überprüfen (Situationsbezug) – Erweiterung des Zahlenbereichs um die positiven rationalen Zahlen aus einer inner- oder außermathematischen Pro-blemstellung erkennen – mathematische Fragen stellen und unter Anleitung Ideen zur Zahlraumer-weiterung entwickeln – vorgegebene grafische Darstellungen zur Problemlösung nutzen – eine für das Problem geeignete gra-fische Darstellung finden und kritisch hinterfragen – bekannte Verfahren zur Umwandlung von Bruchzahlen in Dezimalbruch-zahlen einsetzen	– nicht alltägliche Situationen und Pro-bleme aus dem Umfeld der Schüler/innen, die positive rationale Zahlen enthalten, mathematisieren – komplexe Modelle zur Lösung von Problemen entwickeln und überprüfen – Grenzen des entwickelten Modells erkennen und überprüfen – Erweiterung des Zahlenbereichs um die positiven rationalen Zahlen aus einer inner- oder außermathema-tischen Problemstellung selber erken-nen und deuten – mathematische Fragen stellen und eigene Ideen zur Zahlraumerweiterung entwickeln und umsetzen – verschiedene grafische Darstellungen eigenständig zur Problemlösung nutzen – eine auch für komplexere Probleme geeignete grafische Darstellung finden und kritisch hinterfragen – bekannte Verfahren zur Umwandlung auch von ungewöhnlichen Bruchzahlen in Dezimalbruchzahlen einsetzen

Lernplan zum Thema: Bruchzahlen

In dieser Unterrichtseinheit kannst du Folgendes lernen:
- Du wirst erkennen, dass der Zahlenbereich erweitert werden muss.
- Du stellst rationale Zahlen auf verschiedene Weisen dar:
- auf dem Zahlenstrahl
- in der Stellenwerttafel
- als Zifferndarstellung
- als Text bzw. in Wortform
- Du setzt einfache Brüche wie 1/4 in geometrische Figuren um.
- Du wirst die Anteile geometrischer Figuren in Brüche umsetzen.
- Du lernst den Zusammenhang zwischen Brüchen und Verhältnissen kennen.
- Du wirst Brüche kürzen und erweitern, um sie zu vergleichen.
- Du wandelst Bruchzahlen in Dezimalbrüche um und umgekehrt.
- Du wendest die Grundrechenarten auch auf Dezimalbrüche an.
- Du verstehst den Zusammenhang zwischen Prozentangaben und Brüchen.
- Du vergleichst rationale Zahlen und ordnest sie der Größe nach.
- ...
- ...
- ...
- Du löst alltägliche Probleme aus deinem Umfeld, indem du sie mathematisierst.
- Du überprüfst deine Lösungen auf Fehler und überlegst, wie du mit ihnen umgehst.
- Du entwickelst eigene Ideen, wie der Zahlenraum vergrößert werden kann.
- Du zeichnest „mathematische Bilder", damit du dir etwas besser vorstellen kannst.
- Du wählst geeignete bildhafte Darstellungen aus, um ein Problem zu lösen.
- Deine mathematische Fachsprache verbessert sich: Du drückst dich immer präziser aus.
- Du verstehst die formulierten Arbeitsanweisungen und Aufgabenstellungen.

Checkliste für: _____ (Name)

Das habe ich gelernt	Schreibe mindestens drei Beispiele auf.	Schreibe Aufgaben auf, mit denen du noch Probleme hast.	Hilfestellungen und Übungen findest du ...
Ich habe Bruchzahlen kennengelernt.			
Ich kann Brüche kürzen.			
Ich kann Brüche erweitern.			
Ich kann Brüche der Reihe nach ordnen.			
Ich kann Brüche am Zahlenstrahl ablesen.			
Ich kann Brüche am Zahlenstrahl darstellen.			
Ich kann rationale Zahlen auf verschiedene Weisen darstellen.			
Ich kann Brüche in geometrische Figuren umsetzen.			
Ich kenne den Zusammenhang zwischen Prozentangaben und Brüchen.			
Ich kann Dezimalbrüche addieren.			
Ich kann Dezimalbrüche subtrahieren.			

Ich kann Dezimalbrüche multiplizieren.			
Ich kann Dezimalbrüche dividieren.			
Ich kann Zahlen als gemischte Brüche darstellen.			
Ich kann mit Maßstäben umgehen.			
Ich kenne Verhältnisse beim Teilen und Mischen.			
	Formuliere mit deinen eigenen Worten.	Welche Probleme hast du dabei, die Fragen zu beantworten?	Hilfestellungen und Übungen findest du …
Schreibe eine sinnvolle Textaufgabe zu Bruchzahlen auf und löse sie.			
Welche Methoden zur Lösung von Aufgaben wurden angewendet?			
Wie wurden Bruchzahlen dargestellt?			
Mit welchen Verfahren hast du Bruchzahlen in Dezimalbrüche umgewandelt?			
Gibt es außer dem vorher Abgefragten weitere Fragen von dir zum Thema „Brüche"? Welche?			

Themenplan Politik, Klasse 8:
Der Jugendliche im Wirtschaftsgeschehen und seine Stellung in der Rechtsordnung.

a) Der Jugendliche im Wirtschaftsgeschehen

Lernvoraussetzungen (inhaltsbezogene Kompetenzen) zu Beginn der Einheit

Grundlegende Kenntnisse	Vertieftes Wissen
– Die eigenen Bedürfnisse angeben können.	– Herkunft der eigenen Bedürfnisse reflektieren.
– Sich erste Gedanken über die Gewichtung der eigenen Bedürfnisse machen.	– Grundsätzliche Möglichkeit der Lenkung eigener Bedürfnisse durch Werbung erkennen.
– Unterschiedliche Arten von Bedürfnissen kennen und unterscheiden (Primär-/Sekundärbedürfnisse, materielle/immaterielle Bedürfnisse, soziale/individuelle Bedürfnisse). – Den Unterschied von freien Konsumgütern und wirtschaftlichen Gütern kennen.	– Die Bedürfnisstrukturen in eine hierarchische Ordnung bringen und tabellarisch darstellen.

Prozessbezogene und methodische Kompetenzen, die während der Einheit erworben werden müssen:

Grundlegende Kenntnisse	Vertieftes Wissen
– Das Gesetz der prinzipiellen Knappheit und Begrenztheit aller Ressourcen und den daraus folgenden Zwang zum ökonomischen Umgang mit ihnen anhand von Modellen erkennen.	– Den historisch gewachsenen und sich im Lauf der Zeit verändernden Unterschied zwischen freien Konsumgütern und wirtschaftlichen Gütern aus Materialien und Beispielen erschließen.
– Die Subjektivität der individuellen Konsumentscheidungen aus Sach- und Werbetexten erschließen.	– Die appellative und manipulative Struktur von Werbetexten grundsätzlich durchschauen.
– Das Prinzip des individuellen Grenznutzens an Beispielen illustrieren.	– Das individuelle Bemühen um permanente Optimierung des individuellen Grenznutzens bei jeder Kaufentscheidung erläutern und reflektieren.
– Modellhaft das Prinzip der Opportunitätskosten erfassen und auf die eigene Situation anwenden.	– Die Bedeutung des Prinzips der Opportunitätskosten für die gesamte Volkswirtschaft erfassen und modellhaft darstellen.

– Ergebnisse in Bezug auf das jugendliche Konsumverhalten deuten.	– Jugendliches Konsumverhalten reflektieren und bewerten.
– Zur prinzipiellen Allokationsfunktion des Marktes: Fragen stellen, Vermutungen äußern, Informationen bewerten.	– Mithilfe von Diagrammen (Angebots- und Nachfragekurve, natürlicher Preis) die Funktion von Preisen und Preisvergleichen reflektieren und das Modell des vollkommenen Marktes begreifen.
– Modellhaft (z.B. in Form kleiner Rollenspiele) Sinn und Unsinn der Verbraucherberatung thematisieren.	– Rolle und Funktion der Verbraucherberatung kritisch anhand von Sachtexten reflektieren.

b) Stellung in der Rechtsordnung

Lernvoraussetzungen (inhaltsbezogene Kompetenzen) zu Beginn der Einheit

Grundlegende Kenntnisse	Vertieftes Wissen
– Basiswissen/Kenntnisse zur Rechtsstellung von der Geburt bis zur Volljährigkeit.	– Unterschiede zwischen Geschäftsunfähigkeit, bedingter Rechtsfähigkeit und Strafmündigkeit, Religionsmündigkeit, voller Geschäftsfähigkeit und Strafmündigkeit im Grundsatz begreifen.
– Den Grundgedanken des Taschengeldparagrafen als Dreh- und Angelpunkt der Rechte Heranwachsender im Bereich Geschäftsfähigkeit erfassen.	– Konkretionen der Bestimmungen des Taschengeldparagrafen auf unterschiedliche Einzelfälle begründet vornehmen können.

Prozessbezogene und methodische Kompetenzen, die während der Einheit erworben werden müssen:

Grundlegende Kenntnisse	Vertieftes Wissen
– Unterschied zwischen Deliktfähigkeit und Strafmündigkeit erfassen.	– Dimensionen des außergerichtlichen Tatausgleiches sowie der gemeinnützigen Leistungen erkennen.
– Sonderregelungen des StGB für 18- bis 21-Jährige kennen.	– Intentionen des Jugendstrafrechts erkennen.
– Die wesentlichen Aufgaben des Rechts grundsätzlich erfassen.	– Unterschied zwischen privatem und öffentlichem Recht erkennen. – Die grundsätzlich unterschiedlichen Dimensionen von öffentlichem und privatem Recht erfassen. – Die Bedeutung des Begriffes „Rechtsgüterabwägung" erkennen.

– Regelungen des Jugendschutzrechts kennenlernen.	– Die Intentionen des Jugendschutzrechtes im Durchgang von der Kindheit bis zur Volljährigkeit differenziert einschätzen können.
– Den Begriff „ordentliche Gerichtsbarkeit" verstehen und Zuständigkeiten zuordnen können.	– Art. 101 („Niemand darf seinem gesetzlichen Richter entzogen werden") in seiner historischen und gegenwärtigen Bedeutung erfassen.
– Den wesentlichen Unterschied von Zivil- und Strafprozess erfassen.	– Ablaufschemata von Zivil- und Strafprozessen in ihrer Bedeutung für die Rechtsstaatlichkeit verstehen.
– Grundsätze von Straf- und Zivilprozess verstehen.	– Bestimmungen der StPO und der ZPO in ihrer jeweiligen Sinnhaftigkeit erfassen.
– Den Begriff „Gewaltmonopol des Staates" in seiner grundsätzlichen Bedeutung erfassen.	– Die Bedeutung des staatlichen Gewaltmonopols für die Ordnungspolitik an konkreten Beispielen nachvollziehen.

Lernstandstest Deutsch, Klasse 7

Wallfried Känsterle, der einfache Schlosser, sitzt nach Feierabend vor dem
Fernsehschirm. Wo denn sonst? – Tagesschau, Wetterkarte; die Meisterschaft
der Gewichtheber interessiert Känsterle. „Mach den Ton leiser, die Buben
schlafen!", ruft Rosa, die in der Küche Geschirr gespült hat und nun herein-
kommt. Känsterle gehorcht. „Es ist kalt draußen", plaudert sie, „wie gut, dass
wir Winterfenster haben. Nur frisch anstreichen sollte man sie wieder einmal.
Wallfried, im Frühjahr musst du unbedingt die Winterfenster streichen.
Und kitten muss man sie! Überall bröckelt der Kitt. Niemand im Haus hat so
schäbige Winterfenster wie wir! […] Der alte Weckhammer ist umgefallen,
beim Treppensteigen, Herzschlag." Känsterle drückt auf die Taste >Aus<.
„Die Witwe fragt, ob wir den Nikolaus gebrauchen könnten. Eine Kutte mit
Kaninchenfell am Kragen, schöner weißer Bart, Stiefel, Sack und Krummstab,
alles gut erhalten. Nur vierzig Mark will sie dafür, hat sie gesagt. Mein Mann
wird kommen und ihn holen, hab ich da gesagt. Nicht wahr, Wallfried, du wirst
Paul und Konradle die Freude machen?" Känsterle schaut auf die matte Schei-
be. „Wallfried!", ruft Rosa. „Aber Rosa", murmelt Känsterle hilflos, „du weißt
doch, dass ich nicht zu so was tauge." Rosa glättet mit der Hand das Tischtuch
und schüttelt den Kopf, wobei der Haarknoten, trotz des Kamms, der ihn wie
ein braunes Gebiss festhält, eigensinnig wackelt. „Vermaledeiter Stockfisch!",
zischt sie, „nicht einmal den eignen Buben willst du diese Freude machen!" […]

(aus: Rainer Brambach: Känsterle, in: Für sechs Tassen Kaffee, Zürich 1992)

Aufgaben:

1. Notiere in kurzen Stichworten spontan deinen ersten Eindruck von dieser
   Geschichte.
2. Unterstreiche alle Wörter oder Sätze, die dir für die Deutung und
   Interpretation der Geschichte wichtig erscheinen.
3. Beschreibe, wie sich das Gespräch zwischen Wallfried und Rosa entwickelt.
4. Auf welcher Seite stehst du? Bitte begründe deine Entscheidung
   für Wallfried oder Rosa ganz genau am Text.
5. Suche für jede der beiden Figuren drei bis fünf Wörter heraus, mit denen
   sie oder ihr Tun beschrieben werden. Mache deutlich, was du mit diesen
   Wörtern verbindest.
6. Wird im Text eine Lösung des Konfliktes angedeutet?

Eingangsdiagnose: Lernausgangslagen einzelner Schüler

Datum: _____

Fähigkeiten und Fertigkeiten: Unterrichtliche Maßnahmen:

Schüler:	Lautes, sinnbetontes Lesen	Im Text unterstreichen	Abschnitte bilden	Überschriften (Zwischentitel) finden	Inhaltsangabe anfertigen	Interpretieren	Schwächen	Stärken

Für jeden Schüler werden Punkte zwischen –3 und 3 eingetragen, mit denen seine Fertigkeiten eingeschätzt werden. In den rechten beiden Spalten können in Stichworten Maßnahmen notiert werden, mit denen im Unterricht auf die individuellen Schwächen und Stärken eingegangen werden soll.

Erläuterung des Punktesystems:

–3 bedeutet: beherrscht der Schüler überhaupt nicht
–2 bedeutet: beherrscht der Schüler nur ansatzweise
–1 bedeutet: Grundwissen ist vorhanden, aber mehr nicht
1 bedeutet: beherrscht der Schüler grundsätzlich, hat aber noch Lücken
2 bedeutet: beherrscht der Schüler recht gut, ist aber noch verbesserungsfähig
3 bedeutet: beherrscht der Schüler vollständig und sicher

Fragebogen zum Schuljahresbeginn, Klasse 5 (allgemeines Verhalten)

Schüler/in: _____

Datum: _____

Kreuze für dich die richtigen Antworten an.

	Können				Wollen
	Kann ich gar nicht	Geht so	Kann ich gut	Möchte ich nicht lernen	Würde ich gerne lernen/besser können
Fehlerfrei Deutsch sprechen					
Eine andere Sprache sprechen					
Mit anderen spielen, ohne gleich zu streiten					
Den Streit beenden, wenn andere streiten					
Andere beruhigen, wenn sie sich aufgeregt haben					
Meine Hausaufgaben ohne Kontrolle durch die Eltern regelmäßig erledigen					
Meine Schultasche selbstständig so packen, dass ich nichts Wichtiges vergesse					
Mein eigenes Zimmer in Ordnung halten					
Mitschülern meine Sachen ausleihen oder ihnen etwas abgeben					
Ein Musikinstrument spielen (welches?) oder singen					
Malen oder Basteln					
Gerne draußen spielen und herumtoben					
Eine Sportart (welche?) regelmäßig ausüben					
Ein Hobby (welches) regelmäßig ausüben					
Mitschüler nachmittags nach Hause einladen oder zu ihnen gehen					
Mich selber beschäftigen					
Ruhig an meinem Platz sitzen					
Unmittelbar nach Schulschluss nach Hause gehen					

Persönlicher Fragebogen zur Klasse 5

Dein Name:_____

Beantworte bitte folgende Fragen so ehrlich wie möglich und kreuze die richtigen Spalten an.

Deine Stärken und Schwächen in den Fächern und allgemein in der Schule:

In den Fächern	fällt mir sehr leicht	fällt mir eher leicht	fällt mir eher schwer	fällt mir sehr schwer	mag ich ganz besonders
Mathematik					
Kopfrechnen					
Tafelrechnen					
Rechengeschichten					
Knobelaufgaben					
Deutsch					
sprechen					
Texte lesen und verstehen,					
Fragen beantworten					
eine Geschichte schreiben					
ein Diktat schreiben					
Englisch					
sprechen					
lesen (Texte verstehen …)					
eine Geschichte schreiben					
ein Diktat schreiben					
Kunst und Musik					
Geschichte					
Erdkunde					
Religion/Werte und Normen (Ethik)					
Naturwissenschaften					
Sport					

Allgemein in der Schule

etwas auswendig lernen					
mich auf meine Aufgaben konzentrieren					
selbstständig arbeiten					
regelmäßig verbessern					
beim Arbeiten nicht mogeln (abschreiben, immer gleich zum Taschenrechner greifen …)					
mich im Unterricht zu Wort melden					
ein Wort nachschlagen					
mit Klassenkameraden zusammenarbeiten					
eine Aufgabe zufriedenstellend erledigen, auch wenn sie mir nicht gefällt					
meine Zeit einteilen					
jede Aufgabe zum gewünschten Zeitpunkt abschließen					
so lange an einer Aufgabe arbeiten, bis sie zufriedenstellend erledigt ist					
zu Hause selbstständig üben					
mich nicht ablenken lassen					
regelmäßig die eigenen Schulsachen aufräumen (Blätter einheften …)					
mich verständlich ausdrücken					
meine Meinung laut und deutlich sagen					
in einer Prüfung ruhig bleiben (nicht nervös werden)					
meine Aufgaben/Texte überlesen					
sorgfältig arbeiten (schön schreiben …)					
in der Gruppe sinnvoll arbeiten					
Vokabeln oder einen kleinen Text auswendig lernen					
am Computer arbeiten					
in Büchern nach Informationen suchen					
im Internet nach Informationen suchen					
meine Schwächen akzeptieren					

Was möchtest du in diesem Jahr in der Schule lernen (über welche Themen möchtest du mehr erfahren?)

Kreuze an:
Wenn ich eine schlechte Note bekomme, dann liegt das meistens daran, dass ...

	trifft häufig zu	trifft manchmal zu	ist selten der Fall	ist nie der Fall
ich die Anweisungen nicht beachtet habe.				
die Prüfung zu schwer war.				
ich einen schlechten Tag hatte.				
ich nicht genug gelernt hatte.				
ich mich nicht genug konzentriert habe.				
ich mich nicht genug angestrengt habe.				
ich nicht genau überlesen habe.				
ich viele Dinge durcheinandergeworfen habe.				
ich zu Hause nur für eine Prüfung lerne, den Stoff aber sonst nie wiederhole.				

Kreuze an: Wenn ich eine gute Note bekomme, dann liegt das meistens daran, dass ...

	trifft häufig zu	trifft manchmal zu	ist selten der Fall	ist nie der Fall
die Prüfung sehr leicht war.				
ich einen guten Tag hatte.				
ich sehr viel gelernt habe.				
ich gut in dem Fach bin.				
ich im Unterricht aktiv mitarbeite.				
ich zu Hause regelmäßig wiederhole und übe.				
ich mir viel Mühe gegeben und mich sehr gut konzentriert habe.				

Schreibe folgende Sätze weiter:

Lernen ist für mich _____

_____

Ich bin zufrieden, wenn _____

_____

Ich bin unzufrieden, wenn _____

_____

Die folgenden Fragen brauchst du nicht schriftlich zu beantworten, denke einfach kurz darüber nach. Wir werden uns in einem Einzelgespräch darüber unterhalten:

- Denkst du, dass du ein guter Leser bist?
- Was liest du?
- Liest du gerne? Warum?
- Welches ist dein Lieblingsbuch? Weshalb ist dieses Buch für dich wichtig?
- Magst du es, wenn man dir Geschichten vorliest?
- Denkst du, dass du gute Geschichten oder gute Texte schreibst?
- Welche Texte sind für dich wichtig, wenn du schreibst?
- Schreibst du auch manchmal zu Hause?
- Was bedeutet Lernen für dich?
- Was ist wichtig, damit du gut lernen kannst?
- Was möchtest in nächster Zeit du lernen?

Male hier unten ein Bild, das ausdrückt, wie du dich momentan in der Schule fühlst! **Danke für die Mühe!** ☺

Schriftliche Befragung

Fragebogen

zur Nachbereitung der UE ....

im Fach .... vom .... bis ....

1. Im Unterricht können Sie Kompetenzen in unterschiedlichen Lernfeldern erwerben. Bitte beurteilen Sie in den einzelnen Feldern, ob Sie sehr viel (3), viel (2), wenig (1) oder nichts (0) dazugelernt haben und ob Sie sich darin sehr (3), einigermaßen (2), wenig (1) oder nicht (0) kompetent fühlen. Tragen Sie die entsprechenden Zahlen bitte in die Kästen ein.

1	**2**
Zielerreichendes, fachliches Lernen Erwerb von inhaltlichem, fachlichem Wissen, von Fähigkeiten und Fertigkeiten	**Methodisch-strategisches Lernen** Erwerb von Arbeitstechniken und Lernverfahren, die auch für künftige Lebenssituationen von Bedeutung sein werden
Lernzuwachs:	Lernzuwachs:
Kompetenz:	Kompetenz:
3	**4**
Soziales, kommunikatives Lernen Erfahrungen in Gruppen im Umgang miteinander und in der Gestaltung eines positiven sozialen Klimas	**Selbsterfahrung und selbst beurteilendes Lernen** Erfahrung und Selbsteinschätzung der eigenen Stärken und Grenzen
Lernzuwachs:	Lernzuwachs:
Kompetenz:	Kompetenz:

2. Neben Veränderungen im Wissen können sich auch Haltungen und Einstellungen ändern, kann sich das Gelernte auch auf zukünftiges Handeln auswirken. Registrieren Sie dazu bei sich Veränderungen: ja / nein
   Wenn ja, welche?

3. Bitte überlegen Sie abschließend, wie Sie Ihren Beitrag zur Erreichung der Unterrichtsziele beurteilen. Wenn Sie können, sollten Sie einen konkreten Vorschlag machen, wie Ihre Mitarbeit im Unterricht benotet werden sollte

Es wäre hilfreich, wenn Sie Ihren Vorschlag kurz begründeten:

Schülerfragebogen für _____   Punkte

Lern- und Arbeitstechniken	0	1	2	3
Lerninhalte langfristig behalten				
Lerntechniken systematisch entwickeln				
Selbstständiges Lernen				
Zielstrebiges Arbeiten				
Selbstverantwortliches Arbeiten				
Konzentriertes Arbeiten				
Angemessene Frustrationsschwelle				
Sinnentnehmendes Lesen				
Übersichtliche Gestaltung				
Planerische Intelligenz				
Zielgerichtete Materialrecherche				
Pointierte Zusammenfassungen				
Strukturierte Mappenführung				
Realistische Selbsteinschätzung				
Übungs- und Vorbereitungstechniken				
Rechtzeitige Vorbereitung von Klassenarbeiten und Klausuren				
Sinnvolles, effektives Üben und Wiederholen				
Regelmäßiges Üben und Wiederholen				
Übertragung von Gelerntem auf andere Anwendungszusammenhänge				
Übungsstrategien systematisch entwickeln				
Fachspezifische Methodenkompetenz				
Geeignete Methoden sicher einsetzen und anwenden				
Eigene Vorbereitungszeit richtig einschätzen				
Kommunikationstechniken				
Freie, zusammenhängende, strukturierte Reden				
Interessante, pfiffige, pointierte Darbietungen				
Sichere, aufmerksame Moderation und Präsentation				
Fachlich brisante Erläuterungen				
Aufmerksamer Zuhörer und Beobachter				
Rücksichtvoller Diskussionsteilnehmer				
Berücksichtigung anderer Meinungen und Positionen				
Sprachliche Sicherheit				
Aufmerksamer Gesprächsteilnehmer				
Gesamtergebnis				

Fragebogen zum Schuljahresbeginn, Klasse 5 (Verhalten im Unterricht)

	Können			Wollen	
	Kann ich gar nicht	Geht so	Kann ich gut	Möchte ich nicht lernen	Würde ich gerne lernen/besser können
Gelerntes längere Zeit behalten					
Zu Hause selbstständig lernen					
Für Klassenarbeiten rechtzeitig üben					
Dinge, die ich nicht kann, gezielt wiederholen					
Mir den Inhalt auch längerer Texte merken					
Tabellen und Diagramme verstehen					
Vokabeln, Merksätze, Regeln lernen					
Wörterbücher, Duden, Lexikon gezielt und selbstständig nutzen					
Hefte, Unterrichtsbegleitmappen, Portfolios sorgfältig führen					
Die eigenen Lernfortschritte richtig einschätzen					
An der Tafel etwas darstellen					
Vor der Klasse frei sprechen					
Einen Stichwortzettel für kleine Vorträge anlegen					
Beim Unterrichtsgespräch warten, bis ich an die Reihe komme					
Unterrichtsgespräche/Diskussionen leiten					
Bei Unterrichtsgesprächen auf die Mitschüler eingehen					
Gelassen und ruhig auf Kritik reagieren					
Die Meinung anderer akzeptieren, auch wenn ich selbst anderer Ansicht bin					
Auch dann etwas sagen, wenn ich nicht ganz sicher bin, dass es richtig ist					

Diagnosebogen Deutsch, Klasse 11

Erläuterung des Punktesystems:

−3	bedeutet:	beherrsche ich überhaupt nicht
−2	bedeutet:	beherrsche ich nur ansatzweise
−1	bedeutet:	Grundwissen ist vorhanden, aber mehr nicht
1	bedeutet:	beherrsche ich grundsätzlich, habe aber noch Lücken
2	bedeutet:	beherrsche ich recht gut, ist aber noch verbesserungsfähig
3	bedeutet:	beherrsche ich vollständig und sicher

1. Lesekompetenz

		−3	−2	−1	1	2	3
a	Diagonales Lesen						
b	Intensives Lesen						
c	Unterstreichen/Markieren						
d	Sinnvolle Fragen an den Text stellen						
e	Exzerpte (bzw. Mindmaps) anfertigen						

2. Analyse von literarischen Texten

		−3	−2	−1	1	2	3
a	Formale Merkmale epischer Literatur						
b	Inhaltliche Merkmale epischer Literatur						
c	Formale Merkmale dramatischer Literatur						
d	Inhaltliche Merkmale dramatischer Literatur						
e	Formale Merkmale von Lyrik						
f	Inhaltliche Merkmale von Lyrik						

3. Analyse von Sachtexten

		−3	−2	−1	1	2	3
a	Erkennen der Intentionalität von Sachtexten						
b	Klassifizierung von Sachtexten						
c	Analyse der sprachlich-stilistischen Form						
d	Adressatenbezug und Wirkung						

4. Schreibkompetenz

		−3	−2	−1	1	2	3
a	Inhaltsangabe/Textwiedergabe und -beschreibung						

		−3	−2	−1	1	2	3
b	Bericht/Beschreibung						
c	Texterläuterung/-interpretation						
d	(Freie und textgebundene) Erörterung						
e	Kreatives, produktionsorientiertes Schreiben						

5. Rhetorik

		−3	−2	−1	1	2	3
a	Grundlegende rhetorische Stilmittel und Figuren						
b	Grundlegende Argumentationsmuster						
c	Aufbau einer Rede						
d	Leitung/Moderation von Diskussionen						
e	Diskussionsstrategien						

6. Medienkompetenz

		−3	−2	−1	1	2	3
a	Unterscheidungskriterien: Print-, AV-, sonstige Medien						
b	Übersicht über journalistische Textformen						
c	Analyse journalistischer Textformen						
d	Fähigkeit zur selbstständigen Informationsbeschaffung/Recherche						
e	Kritische Einordnung/Beurteilung/ Qualitätsprüfung gefundener Informationen						

7. Sprache und Kommunikation

		−3	−2	−1	1	2	3
a	Übersicht über Sprachwandel, Dialekte, Fachsprachen						
b	Zeichennatur der Sprache						
c	Übersicht über grundlegende Kommunikationsmodelle						
d	Sach- und Beziehungsebene bzw. analoge und digitale Kommunikation						

Selbstdiagnosebogen Deutsch, Klasse 6:
Erzählen aus veränderter Perspektive

Trick im Warenhaus

Im Warenhaus herrscht Hochbetrieb. Es sind die letzten Verkaufsstunden am Wochenende, und die Berufstätigen, die sonst nur schwer Zeit finden, drängen sich um die Verkaufstische. Peter Peters ist Junggeselle und will auch die letzten Nachmittagsstunden zum Einkaufen verwenden. Langsam schlendert er durch das Warenhaus und macht seine Einkäufe mit Genuss. Zuerst geht er in die Lebensmittelabteilung. Am Eingang stutzt er plötzlich und bleibt stehen. Lag da nicht eben ein Zwei-Euro-Stück auf dem Boden? Er müsste sich sehr täuschen, denn er hat gute Augen. Langsam geht er zurück, seine Augen gleiten suchend über den Boden. Richtig, da liegt das Geldstück immer noch. Ob er sich unauffällig bücken kann? Verstohlen sieht er sich nach allen Seiten um. Da steht an einem Stand ein Mann, dessen Augen seinem Blick begegnen. Beide scheinen kein reines Gewissen zu haben, denn ihre Blicke trennen sich wieder. Peter Peters kehrt um und biegt in einen Nebengang ein. Er will die Dinge jetzt von hinten anpacken und gibt mit nervöser Spannung darauf Acht, dass sich kein anderer vor ihm bückt. Nein, niemand schaut nach unten – nur der Mann an dem Verkaufstisch lässt seine Blicke hin und wieder prüfend über den Boden gleiten. Kein Zweifel, dieser Mann ist Peters Mitwisser. Aber jetzt wird Peter Peters energisch. Er beschleunigt sein Tempo und steht mit wenigen Schritten mit dem Fuß auf dem Geldstück. Er spürt es durch die Sohlen hindurch, er bückt sich, um es aufzuheben, aber das Geldstück rührt sich nicht von der Stelle, es ist wie an den Boden genagelt. Als er sich mit hochrotem Kopf wieder aufrichtet, fühlt er eine Hand auf seiner Schulter und starrt direkt in das grinsende Gesicht seines Mitwissers. „Darf ich Ihnen unseren neuen Klebstoff anbieten?", sagt der Mann zu Peter. „Sie sehen, wie gut er klebt. Die Tube kostet nur eins zehn, drei Stück drei Euro." „Was mache ich bloß mit drei Tuben Klebstoff?", fragt sich Peter später auf der Straße verstört; die Lust am Einkaufen ist ihm für heute vergangen.

Erzähle die Geschichte aus der Sicht des Klebstoffverkäufers! Lies deine Geschichte anschließend genau durch und kreuze jeweils in der Tabelle an.

Erläuterung des Punktesystems: −1 bedeutet: Habe ich überhaupt nicht hinbekommen
0 bedeutet: Geht so
1 bedeutet: Ist mir gut gelungen

	−1	0	1
Ist der Perspektivenwechsel richtig erfasst, wird also die Handlung wirklich aus der vorgegebenen Sichtweise erzählt?			
Passt die Überschrift zur Geschichte?			
Hast du eine Einleitung und einen Schluss geschrieben?			
Ist die Handlung in der richtigen Reihenfolge dargestellt?			
Hat die Geschichte einen Spannungsbogen und einen Höhepunkt?			
Ist der Witz (die Pointe) der Geschichte erfasst?			
Hast du die Gefühle und Gedanken des Erzählers dargestellt?			
Hast du die wörtliche Rede als belebendes Stilmittel verwendet?			
Hast du die richtige Erzählzeit (Gegenwart) gewählt?			
Hast du dich um eine abwechslungsreiche und die Spannung steigernde Wortwahl bemüht?			

Lernbericht Klasse 7

Name: _____

Kreuze an (zu den Punkten siehe letzte Seite).   Punkte:

Zum Thema Selbstständigkeit und Sauberkeit meiner Arbeiten	0	1	2	3
Ich kann meine Arbeit planen und einteilen oder mich selbst organisieren.				
Ich achte darauf, dass mein Schulmaterial in Ordnung ist.				
Mein Schulmaterial ist immer komplett, ich habe alles dabei, was ich brauche (Schere, Lineal …), und vergesse nie etwas.				
Ich benutze regelmäßig und sicher ein Lexikon oder andere Nachschlagewerke, ohne dass die Lehrerin mich daran erinnert.				
Ich kann mich ehrlich bewerten und über mich nachdenken.				

Zum Thema Mitwirken und Mitmachen	0	1	2	3
Bei Klassengesprächen oder Lehrerfragen habe ich meistens etwas zu berichten, zu antworten oder zu fragen.				
Ich bin aktiv, versuche Antworten zu finden und Ideen und Lösungen vorzuschlagen.				
Ich nehme Hilfe von anderen an.				
Ich bin leicht abgelenkt.				
Ich interessiere mich für den Unterricht.				
Ich störe den Unterricht.				

Zum Thema Gruppenarbeiten	0	1	2	3
Ich nehme aktiv teil, versuche Lösungen zu finden.				
Ich nehme Hilfe von anderen an.				
Ich störe die Arbeit anderer.				
Ich bin hilfsbereit.				
Ich akzeptiere die Ansichten anderer.				

Zum Thema Schwierigkeiten	0	1	2	3
Ich möchte die Schwierigkeiten überwinden.				
Ich nütze die angebotenen Hilfsmittel.				
Ich bitte die Lehrerin oder andere Kinder um Hilfe.				
Ich entmutige mich rasch und höre auf zu arbeiten.				
Ich übertrage Gelerntes auf neue Lernsituationen.				

Zum Thema Einzelarbeiten	0	1	2	3
Ich befolge Anweisungen.				
Ich gehe planvoll bei Arbeiten vor.				
Ich beende meine Arbeiten zur rechten Zeit.				
Ich frage nach zusätzlichen Erläuterungen.				
Ich erledige Zusatzaufgaben.				
Ich halte mich lange bei Nebensächlichkeiten auf.				

Deutsch	0	1	2	3
Ich verstehe, was ich höre.				
Ich kann Fragen verständlich mündlich beantworten.				
Ich nehme an Gesprächen teil.				
Ich drücke mich klar und deutlich aus.				
Beim Lesen stelle ich mir Fragen und versuche richtige Antworten zu finden.				
Ich beantworte Fragen zu einem Text genau und richtig.				
Ich verstehe Texte und Geschichten, die ich lese.				
Ich kann Fragen schriftlich beantworten.				
Ich habe ein großes Vokabular zur Verfügung, um mich schriftlich oder mündlich auszudrücken.				
Ich beherrsche die Rechtschreibung und Zeichensetzung.				
Ich beherrsche die deutsche Grammatik.				
Ich verbessere meine Arbeiten regelmäßig und gewissenhaft.				
Ich kenne unregelmäßige Verben.				
Ich schreibe gute Aufsätze.				
Ich beteilige mich aktiv am Deutschunterricht.				

Fremdsprachen	0	1	2	3
Ich verstehe, was ich höre.				
Ich kann Fragen mündlich beantworten.				
Ich nehme an Gesprächen teil.				
Ich drücke mich klar und deutlich aus.				
Beim Lesen stelle ich mir Fragen und versuche richtige Antworten zu finden.				
Ich beantworte Fragen zu einem Text genau und richtig.				
Ich verstehe Texte und Geschichten, die ich lese.				

Ich kann Fragen schriftlich beantworten.				
Ich habe ein großes Vokabular zur Verfügung, um mich schriftlich oder mündlich auszudrücken.				
Ich beherrsche die Rechtschreibung und Zeichensetzung.				
Ich beherrsche die Grammatik der Fremdsprache.				
Ich beherrsche die unregelmäßigen Verben.				
Ich verbessere meine Arbeiten regelmäßig und gewissenhaft.				
Ich schreibe freie Texte in der Fremdsprache.				
Ich beteilige mich aktiv am Fremdsprachenunterricht.				

Rechnen	0	1	2	3
Ich beherrsche die Teilbarkeit durch 2, 5, 10, 4, 25, 3 und 9				
Ich kann Längeneinheiten umwandeln, addieren, subtrahieren, runden.				
Ich kann einen Umfang berechnen.				
Ich kann einen Flächeninhalt berechnen.				
Ich kann gut kopfrechnen: addieren, subtrahieren, dividieren und multiplizieren.				
Ich kann schriftlich rechnen: addieren, subtrahieren, dividieren und multiplizieren.				
Ich kann Rechengeschichten lösen.				
Ich bin mit Dezimalzahlen vertraut: beim Addieren, Subtrahieren, Dividieren und Multiplizieren.				
Ich beteilige mich aktiv am Mathematikunterricht.				

Punkte:

0 Punkte = kann ich gar nicht

1 Punkt = kann ich etwas

2 Punkte = kann ich gut

3 Punkte = kann ich sehr gut

Selbstdiagnosebogen Politik, Klasse 9, Thema: Berufswahl

Erster Aspekt:

Hast du schon eigene Vorstellungen, Wünsche und Hoffnungen in Bezug auf dein späteres Berufsleben – und wenn ja, welche?

Schaue dir die folgende Liste genau an.

Ich möchte in meinem späteren Berufsleben ...

1. keine allzu hohen Anforderungen an das Leben stellen, auch mit wenig zufrieden sein.
2. ganz für die Familie da sein, das Familienleben über den Beruf stellen.
3. meinen Frieden haben, möglichst wenig anecken.
4. liebevolle Menschen um mich haben, geliebt werden.
5. bei meinen Mitmenschen angesehen sein, etwas gelten.
6. immer an mir selbst arbeiten, nicht selbstzufrieden werden.
7. vorwärtskommen, es im Leben zu etwas bringen.
8. einen Beruf haben, der eine wirkliche Lebensaufgabe ist und mich voll und ganz ausfüllt.
9. einen Beruf haben, in dem ich auch für andere Menschen etwas leiste, für andere Menschen da ist.
10. mit verantwortungsvollen, wichtigen Aufgaben betraut werden.
11. einen Beruf, bei dem ich neue Wege gehen, neue Ideen ausprobieren kann.
12. eine leitende Stellung erreichen, bei der ich etwas zu sagen habe.
13. eine Tätigkeit haben, die hohe geistige Anforderungen stellt.
14. einen Beruf, in dem ich viel Geld verdiene.
15. das berufliche Weiterkommen über ein angenehmes Privatleben stellen.
16. mich durchsetzen, nicht immer Rücksicht auf andere nehmen.
17. reisen machen, immer Neues sehen und lernen.
18. etwas vom Leben haben, mir das Leben möglichst schön machen.

Entscheide dich, welche dieser Gesichtspunkte dir am wichtigsten, welche am unwichtigsten sind, und stelle jeweils eine Liste von 1 bis 5 auf.

Hast du schon einen konkreten Berufswunsch, und, wenn ja, welchen?

Welches der gerade angekreuzten Ziele wirst du in diesem Beruf am ehesten erreichen können?

Wie genau bist du informiert über die schulischen und sonstigen Voraussetzungen für deinen Beruf? Entscheide auf einer Skala von −3 (keine Ahnung) bis +3 (weiß über alles genauestens Bescheid).

−3	−2	−1	0	+1	+2	+3

Zweiter Aspekt:
Wie umfangreich und genau sind deine Kenntnisse über mögliche
Ausbildungswege?

Schaue dir die folgende grafische Übersicht genau an und überlege, wie gut du
über die in der Grafik skizzierten Ausbildungsmöglichkeiten informiert bist.
Nutze auch hier die Skala:

−3	−2	−1	0	+1	+2	+3

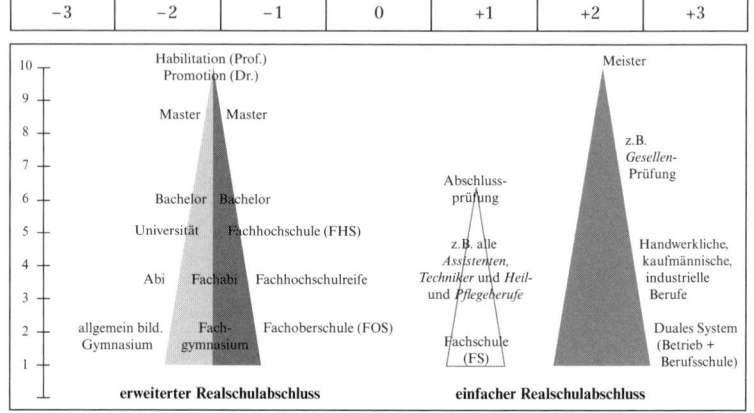

Dritter Aspekt:
Was bieten deine Schule und deine Stadt?

Wie gut bist du über das (Wahl-)Angebot deiner Schule und die auf ihr möglichen Abschlüsse informiert? Benutze auch hier die Skala:

−3	−2	−1	0	+1	+2	+3

Wie genau weißt du, welche anderen Schulen deiner Stadt oder Gegend für
deine weitere Schullaufbahn in Frage kommen, welche inhaltlichen Schwerpunkte sie setzen und welche Abschlussmöglichkeiten sie bieten? Benutze auch
hier die Skala:

−3	−2	−1	0	+1	+2	+3

Beantworte die folgenden Fragen bitte mit „ja" oder „nein":

Warst du schon einmal in der örtlichen Arbeitsagentur?

Hast du bereits die Homepage der Arbeitsagentur im Internet besucht?

Hast du schon ein Gespräch mit einem Berufsberater geführt?

Hast du eine Vorstellung davon, wo du dein Betriebspraktikum absolvieren
möchtest?

Selbsteinschätzungsbogen, Klasse 5 (Wochenplan)

Name: _____

Einstellung zur Arbeit

Überlege, wie sehr jeder Satz auf dich zutrifft, und schreibe die passende Zahl in das Kästchen. (0 bedeutet: gar nicht, 1 bedeutet: ein wenig, 2 heißt: ein bisschen, 3 heißt: trifft sehr zu)

	Es fällt mir schwer, meine Arbeit einzuteilen.
	Ohne Wochenplan würde ich mir mehr Mühe geben.
	Am Anfang hatte ich einige Schwierigkeiten, doch dann ging es recht gut.
	Ich muss stets am Wochenende nacharbeiten, weil ich den Wochenplan nie fertig habe.
	Ich mag die Arbeit mit dem Wochenplan nicht, weil ich mich nicht auf meine Arbeit konzentrieren kann.
	Ich lasse mich sehr schnell ablenken.
	Ich arbeite gern mit dem Wochenplan.
	Ich mogle oft, um schneller fertig zu sein.
	Ich kann mich schlecht entscheiden und finde es besser, wenn die Lehrerin mir sagt, was ich als Nächstes tun soll.
	Ich bin sehr unordentlich und finde meine Aufgaben oft nicht.
	Ich arbeite gern mit dem Wochenplan, weil ich mir die Aufgaben selbstständig einteilen kann.
	Aufgaben aus dem Wochenplan erledige ich mit weniger Sorgfalt als andere Aufgaben.
	Ich weiß, dass ich mehr leisten oder sorgfältiger arbeiten könnte.
	Ich weiß, dass ich oft in der Klasse störe.
	Ich bin sehr ruhig in der Klasse und bemühe mich aufzupassen.
	Ich habe gelernt, mir meine Arbeit einzuteilen.
	Ich verliere oft mein Material.
	Manchmal sehe ich den Sinn der Aufgaben nicht ein.
	Ich bin in den Prüfungen oft unruhig und aufgeregt.
	Ich habe Schwierigkeiten, mich klar und deutlich auszudrücken.

Bemerkungen: ...

_____

_____

_____

_____

_____

_____

▶ Versuche einzuschätzen, was du dieses Jahr alles gelernt hast.

_____

_____

_____

_____

_____

▶ Was findest du davon besonders wichtig?

_____

_____

_____

_____

_____

▶ Was findest du davon ganz unwichtig?

_____

_____

_____

_____

_____

▶ Was hast du mit der Wochenplanarbeit lernen können?

_____

_____

_____

_____

_____

Was wünschst du dir für nächstes Jahr? Was möchtest du lernen/erfahren? Was möchtest du in der Klasse ändern oder beibehalten?

Bitte bleibe realistisch und versuche, Sachen aufzuzählen, die du wirklich verändern kannst.

_____

_____

_____

_____

_____

_____

_____

Diese Fragen über deine Lerngewohnheiten brauchst du nicht schriftlich zu beantworten.

- Denkst du, dass du dir dieses Jahr viel Mühe beim Lernen gegeben hast?
- Was lernst du gerne?
- Wann lernst du gut? Was muss stimmen, damit du gut lernen kannst?
- Findest du, dass du manchmal Sachen lernen musst, die für dich nicht wichtig sind oder keinen Sinn ergeben? Wenn ja, welche?
- Machst du dir manchmal Gedanken darüber, weshalb du etwas lernen musst?
- Gibt es Sachen, die wir in der Schule nicht lernen/gelernt haben, die dich aber sehr interessieren würden?
- Überlege, was Lernen für dich bedeutet und was du in Zukunft verbessern kannst, um besser zu lernen.

Zeichne mir hier ein Bild, das ausdrückt, wie du dich dieses Jahr in der Schule gefühlt hast! Denke an Situationen zurück, in denen du traurig, zufrieden, konzentriert, interessiert, gelangweilt usw. warst! Du kannst auch einzelne kleine Bilder zeichnen mit einem kurzen Text darunter.

Vielen Dank für deine Mitarbeit!

Beobachtungsbogen zur Diagnose des Lernverhaltens

4 Punkte (++) = völlig gelöst bzw. gesichert erreicht

3 Punkte (+) = überwiegend gelöst bzw. erreicht, aber noch unsicher

2 Punkte (0) = Ansätze erkennbar

1 Punkt (–) = überwiegend nicht gelöst bzw. ereicht

0 Punkte (– –) = nicht gelöst bzw. nicht erreicht

Name	Fachliche Richtigkeit	Zielstrebigkeit, Konzentration	Arbeitsmittel werden sinnvoll genutzt	Unterscheidung von Wesentlichem und Unwesentlichem	Erkennen von Zusammenhängen zu anderen Themen/Fächern	Eigene Ideen werden eingebracht	Lernergebnisse werden angemessen formuliert	Konsequenzen für den Unterricht

Beobachtungsbogen zur Diagnose der methodischen Kompetenzen

4 Punkte (++) = völlig gelöst bzw. gesichert erreicht

3 Punkte (+) = überwiegend gelöst bzw. erreicht, aber noch unsicher

2 Punkte (0) = Ansätze erkennbar

1 Punkt (–) = überwiegend nicht gelöst bzw. ereicht

0 Punkte (– –) = nicht gelöst bzw. nicht erreicht

Name	Selbstständiges Aufstellen und Einhalten einer Zeitplanung	Einhaltung von Zwischenzielen wird eigenständig kontrolliert	Material wird selbstständig beschafft	Eigenständige Ordnung und Strukturierung des Materials	Altersangemessene Fachmethoden werden beherrscht	Arbeitsergebnisse werden genau formuliert	Sachliche Bewertung der eigenen und anderer Meinungen	Konsequenzen für den Unterricht

Beobachtungsbogen zur Diagnose des auf sich selbst bezogenen Lernverhaltens

4 Punkte (++) = völlig gelöst bzw. gesichert erreicht

3 Punkte (+) = überwiegend gelöst bzw. erreicht, aber noch unsicher

2 Punkte (0) = Ansätze erkennbar

1 Punkt (–) = überwiegend nicht gelöst bzw. ereicht

0 Punkte (– –) = nicht gelöst bzw. nicht erreicht

Name	Genaue Beschreibung der eigenen Stärken und Schwächen	Setzt sich selber Lern- und Verhaltensziele und hält diese ein	Misserfolge führen nicht zur vorzeitigen Aufgabe	Gezielte Nutzung von Hilfsangeboten zur Leistungssteigerung	Die eigene Leistung wird weder über- noch unterbewertet	Eigenständige Überprüfung der eigenen Arbeitsergebnisse auf ihre Richtigkeit	Konsequenzen für den Unterricht

Beobachtungsbogen zur Diagnose sozialen Lernens in der Gemeinschaft

4 Punkte (++) = völlig gelöst bzw. gesichert erreicht

3 Punkte (+) = überwiegend gelöst bzw. erreicht, aber noch unsicher

2 Punkte (0) = Ansätze erkennbar

1 Punkt (–) = überwiegend nicht gelöst bzw. ereicht

0 Punkte (––) = nicht gelöst bzw. nicht erreicht

Name	Fähigkeit, Regeln zu formulieren	Fähigkeit, die aufgestellten Regeln einzuhalten	Sachliche Argumentation, ohne persönlich oder beleidigend zu werden	Sachlich-ruhige Entgegennahme von Kritik	Fähigkeit zur Reflexion der Situation der Lerngruppe	Bereitschaft zur Übernahme von Arbeit	Bereitschaft zur Übernahme von Verantwortung	Konsequenzen für den Unterricht

Beobachtungsbogen zum Lernverhalten

Name: _____   Datum: _____

Abkürzungen für die Fächer:

	D	M	E								

Bereitschaft zum Lernen und zur Ausdauer

Bringt Neugier, Staunen, Wissensdurst mit											
Lässt sich von offenen Fragen zu Lernanstrengungen bewegen											
Setzt sich Ziele, die seinen Möglichkeiten angemessen sind											
Bringt auch nach Misserfolgen die nötige Lernenergie auf											
Kann sein Verhalten so steuern, dass die Arbeit an der Sache nicht gestört wird											

Lernverhalten den Unterrichtsgegenständen gegenüber

Erfasst die Aufgaben gedanklich											
Entwickelt eigene Ideen für Lösungen											
Erledigt alle Aufgaben sorgfältig und regelmäßig											
Geht mit Arbeitsmitteln angemessen um											
Beherrscht die notwendigen Arbeitstechniken											
Erreicht das vorgesehene Arbeitstempo ohne Qualitätseinbußen											
Kann sich mit einer Aufgabe genügend lange beschäftigen, ohne zu ermüden oder sich ablenken zu lassen											

Lernverhalten in der Gruppe

Sieht offene Fragen oder Probleme als gemeinsame Aufgabe an											
Arbeitet mit anderen gemeinsam an Lösungen											
Macht sein Wissen für die Gruppe nutzbar											
Erträgt Einwände und Kritik und verarbeitet sie											
Hält sich an verabredete Normen und Regeln											
Vertritt eigene Meinungen sachgerecht											
Übernimmt Verantwortung											
Akzeptiert andere und respektiert ihre Meinungen											

Lernergebnisse

Verfügt über umfangreiches und sicheres Wissen, Fähigkeiten und Fertigkeiten											
Kann sich Gelerntes auch über längere Zeit merken											
Kann Einzelheiten genau wahrnehmen oder sich vorstellen											
Kann Einzelheiten in Zusammenhänge einordnen											
Kann Gelerntes auf neue Probleme übertragen											

Beobachtungsbogen zu multiplen Intelligenzen

Ilse Brunner und Erika Rottensteiner haben Beobachtungsbögen entwickelt, die zum Ziel haben, die Stärken der Schüler den einzelnen Intelligenzbereichen zuzuordnen. Wir zitieren ausschnittweise. Zutreffendes wird angekreuzt.

Wortklug: sprachlich-linguistische Intelligenz		Raum für weitere Beobachtungen
Denkt sich Märchen aus und/oder erzählt Geschichten		
Spielt gerne Wortspiele		
Hat ein gutes Gedächtnis für Namen, Orte, Zahlen		
Liebt Reime, Wortspiele, Zungenbrecher und Ähnliches		
Hat einen guten Wortschatz		
Logikklug: logisch-mathematische Intelligenz		**Raum für weitere Beobachtungen**
Kann gut kopfrechnen		
Spielt gerne Schach, Dame oder andere Strategiespiele		
Arbeitet gerne mit logischen Puzzles oder Denksportaufgaben		
Teilt Dinge gerne in Kategorien und Hierarchien ein		
Denkt abstrakter als seine Altersgenossen		
Musikklug: musikalisch-rhythmische Intelligenz		**Raum für weitere Beobachtungen**
Merkt sich Melodien von Liedern		
Spielt ein Instrument oder singt im Chor		
Spricht und bewegt sich rhythmisch		
Ist empfindsam gegenüber Umweltgeräuschen		
Arbeitet gerne mit Musik		
Bilderklug: bildlich-räumliche Intelligenz		**Raum für weitere Beobachtungen**
Kann Pläne, Karten und Diagramme leichter lesen als Texte		
Ist träumerischer als seine Artgenossen		
Liebt alles, was mit Kunst zu tun hat		
Zeichnet Figuren besser als die Altersgenossen		

Zeichnet Figuren usw. in seine Hefte		
Körperklug: körperlich-kinästhetische Intelligenz		Raum für weitere Beobachtungen
Ist besonders sportlich		
Ahmt geschickt die Gesten und Gebärden anderer nach		
Liebt es, Dinge zu zerlegen und wieder zusammenzusetzen		
Fasst alles an, was er/sie sieht		
Findet Spaß daran, zu laufen, zu springen, zu kämpfen, Freunde anzustoßen usw.		
Naturklug: naturalistische Intelligenz		Raum für weitere Beobachtungen
Erzählt viel von seinen Haustieren		
Sammelt Insekten, Blüten usw.		
Besucht gerne Zoos und naturkundliche Museen		
Interessiert sich für naturkundliche Sendungen		
Ist lieber im Freien als in der Klasse		
Selbstklug: intrapersonale Intelligenz		Raum für weitere Beobachtungen
Ist unabhängig und hat einen starken Willen		
Spielt und lernt gerne allein		
Hat Interessen und Hobbys, über die er/sie wenig spricht		
Hat eine große Eigenmotivation		
Hat eine hohe Selbstachtung		
Menschenklug: interpersonale Intelligenz		Raum für weitere Beobachtungen
Ist gerne mit Alterskollegen zusammen		
Hat natürliche Führungsqualitäten		
Gibt Freundinnen gute Ratschläge		
Gehört zu Klubs oder anderen Organisationen		
Ist als Gesprächspartner sehr beliebt		

(vgl. Brunner/Rottensteiner: Eine Entdeckungsreise ins Reich der multiplen Intelligenzen, Hohengehren 2002, S. 180 ff.)

Schülerbegleitbogen: Lernverhalten

von _____

Bewertungskriterien	Abstufungen	Deutsch	Mathe	Fach I	Fach II
Leistungsbereitschaft	1. strengt sich im Unterricht besonders an 2. strengt sich im Unterricht an 3. sollte sich noch mehr anstrengen 4. strengt sich nicht genug an				
Ziel- und Ergebnisorientierung	1. arbeitet aktiv, ziel- und ergebnisorientiert 2. arbeitet ziel- und ergebnisorientiert 3. sollte ziel- und ergebnisorientiert arbeiten 4. arbeitet noch zu selten ziel- und ergebnisorientiert				
Selbstständigkeit	1. bearbeitet Aufgaben sehr selbstständig 2. bearbeitet Aufgaben selbstständig 3. bearbeitet Aufgaben noch nicht selbstständig genug 4. bearbeitet Aufgaben noch zu unselbstständig				
Ausdauer	1. arbeitet beständig 2. bedarf gelegentlicher Ermunterung 3. ist leicht ablenkbar 4. ermüdet schnell				
Tempo	1. bearbeitet Aufgaben in kürzerer Zeit als vorgesehen 2. bearbeitet Aufgaben in der vorgesehenen Zeit 3. benötigt für Aufgaben manchmal mehr Zeit als vorgesehen 4. benötigt für Aufgaben mehr Zeit als vorgesehen				
Arbeitsvolumen	1. beendet Arbeiten von längerer Zeitdauer 2. beendet Arbeiten von mittlerer Zeitdauer 3. beendet Arbeiten von kurzer Zeitdauer 4. beendet Arbeiten von kurzer Zeitdauer nicht				

Bewertungskriterien	Abstufungen	Deutsch	Mathe	Fach I	Fach II
Sorgfalt	1. arbeitet besonders sorgfältig 2. arbeitet sorgfältig 3. arbeitet entsprechend ihrer/seiner Interessen sorgfältig 4. arbeitet noch nicht sorgfältig genug				
Kooperationsfähigkeit	1. arbeitet sehr gut mit anderen zusammen 2. arbeitet gut mit anderen zusammen 3. bemüht sich, mit anderen zusammenzuarbeiten 4. sollte lernen mit anderen besser zusammenzuarbeiten				

Sozialverhalten

Bewertungskriterien	Abstufungen	Deutsch	Mathe	Fach I	Fach II
Hilfsbereitschaft und Achtung anderer	1. ist stets hilfsbereit und achtet andere in vorbildlicher Weise 2. ist hilfsbereit und achtet andere 3. sollte hilfsbereiter sein und andere stärker achten 4. ist noch zu selten hilfsbereit und achtet andere zu wenig				
Einhalten von Regeln und Vereinbarungen	1. hält Regeln und Vereinbarungen immer ein 2. hält Regeln und Vereinbarungen noch nicht immer ein 3. hält Regeln und Vereinbarungen nur selten ein 4. kann sich noch nicht an Regeln und Vereinbarungen halten				
Mitgestaltung des Gemeinschaftslebens	1. beteiligt sich aktiv an der Gestaltung des Gemeinschaftslebens 2. sollte sich stärker an der Gestaltung des Gemeinschaftslebens beteiligen 3. beteiligt sich kaum an der Gestaltung des Gemeinschaftslebens 4. stört das Gemeinschaftsleben				

Bewertungskriterien	Abstufungen	Deutsch	Mathe	Fach I	Fach II
Übernahme von Verantwortung	1. ist immer bereit, Verantwortung zu übernehmen 2. ist bereit, Verantwortung zu übernehmen 3. sollte bereit sein, Verantwortung zu übernehmen 4. ist selten bereit, Verantwortung zu übernehmen				
Konfliktfähigkeit	1. geht mit Konflikten altersangemessen, situationsgerecht um und entwickelt Lösungswege 2. geht mit Konflikten altersangemessen, situationsgerecht um 3. löst Konflikte noch nicht immer alters- und situationsgerecht 4. zeigt wenig Bereitschaft und Fähigkeiten, mit Konflikten altersangemessen und situationsgerecht umzugehen				
Reflexionsfähigkeit	1. kann eigenes Verhalten besonders gut reflektieren 2. kann eigenes Verhalten gut reflektieren 3. sollte eigenes Verhalten noch stärker reflektieren 4. kann eigenes Verhalten noch nicht reflektieren				

Diagnosebögen: Eintritt in die Sekundarstufe I

(entstanden auf der Grundlage des im Auftrag des Kultusministeriums Baden-Württemberg von einer Arbeitsgruppe unter Heiner Hoffmeister entwickelten Beobachtungsbogens)

Name: _____ Vorname: _____

Schuljahr: _____ Datum: _____

1. Denkfähigkeit   − −   −   0   +   + +

Merkmale	Ausprägung					Merkmale
ist im Denken flexibel						ist im Denken unflexibel
denkt systematisch						denkt unsystematisch
nimmt Sachinformationen schnell auf						nimmt Sachinformationen langsam auf
kann Probleme analysierend beschreiben						erkennt die Struktur des Problems nicht
kann Lösungswege aufzeigen						findet keine Lösungswege und Lösungen
bearbeitet altersgemäße komplexe Aufgabenstellungen sicher						bearbeitet altersgemäße komplexe Aufgabenstellungen unsicher/gar nicht
findet Gefallen an abstrakten Themen						hat kein Interesse an abstrakten Themen
kann schulische Wissens-gegenstände miteinander verknüpfen						kann schulische Wissens-gegenstände nicht miteinander verknüpfen
kann allgemeine Regeln und Aussagen mit konkreten Beispielen veranschaulichen						findet keine konkreten Beispiele zur Veranschaulichung
braucht zum Erfassen neuer Inhalte keine oder nur geringe Lernhilfen						braucht sehr viele und intensive Lernhilfen
kann Gelerntes auf neue Sachverhalte übertragen						kann Gelerntes nicht auf neue Sachverhalte übertragen

2. Merkfähigkeit   − −   −   0   +   + +

Merkmale	Ausprägung					Merkmale
kann sich rasch neue Sach-verhalte einprägen						prägt sich neue Sachverhalte nur sehr schwer ein
lernt mühelos auswendig						lernt mühevoll auswendig
kann Gelerntes richtig wiedergeben						hat Schwierigkeiten, Gelerntes wiederzugeben

	– –	–	0	+	+ +	
Merkmale		**Ausprägung**				**Merkmale**
kann über Gelerntes lange verfügen						verfügt über Gelerntes nur sehr kurz
braucht wenig Übungsphasen						braucht viele Übungsphasen

3. Ausdrucksvermögen

Merkmale	– –	–	0	+	+ +	**Merkmale**
		Ausprägung				
hat einen großen Wortschatz						hat einen geringen Wortschatz
kann sich mündlich gewandt/ leicht ausdrücken, braucht wenig Anleitung						ist sehr unselbstständig, braucht häufig Anleitung
kann sich schriftlich gewandt und angemessen ausdrücken						kann sich schriftlich nicht gewandt und angemessen ausdrücken
kann fachliche Begriffe treffend einsetzen						kennt fachliche Begriffe nicht, verwechselt sie
spricht sachbezogen						schweift ab, kann zwischen subjektiv und objektiv nicht unterscheiden
kann frei und zusammenhängend sprechen						spricht stockend und zusammenhanglos

4. Lernverhalten

Merkmale	– –	–	0	+	+ +	**Merkmale**
		Ausprägung				
hat ein hohes Lern- und Arbeitstempo						hat ein niedriges Lern- und Arbeitstempo
arbeitet selbstständig, braucht wenig Anleitung						ist sehr unselbstständig, braucht sehr häufig Anleitung
arbeitet organisiert						arbeitet unorganisiert
arbeitet von sich aus						muss beständig zum Arbeiten aufgefordert werden
kann ausdauernd arbeiten						kann nicht länger an einer Sache verweilen
arbeitet gleichmäßig						arbeitet mit sehr großen Schwankungen
hat die Arbeitsmaterialien regelmäßig dabei						vergisst sehr häufig die Arbeitsmaterialien
arbeitet sehr sorgfältig und ordentlich						arbeitet oft sehr unsauber

Merkmale	Ausprägung					Merkmale
geht interessiert an Neues/ Unbekanntes heran						lässt sich für Neues/Unbekanntes nur schwer gewinnen
übt und lernt unaufgefordert und selbstständig						muss zum Üben und Lernen ständig aufgefordert werden
lernt sowohl Inhalte (Faktenwissen) als auch Strukturen						lernt mit Mühe in begrenztem Umfang Inhalte (Fakten)
kann sich selbstständig Informationen beschaffen						ist auf fremde Hilfe angewiesen

5. Konzentrationsfähigkeit

– –   –   0   +   + +

Merkmale	Ausprägung					Merkmale
hat eine große Aufmerksamkeitsspannweite						hat eine sehr kurze Aufmerksamkeitsspannweite
kann sich auf Aufgaben und Routinearbeiten konzentrieren						verliert bei Aufgaben und Routinearbeiten sehr schnell die Konzentration
kann sich beim Lösen von Problemen lange konzentrieren						verliert beim Lösen von Problemen sehr schnell die Konzentration
arbeitet gleichmäßig konzentriert, unabhängig von der Aufgabe						arbeitet mit schwankender Konzentration
lässt sich nicht durch Mitschüler oder Störungen aus der Umgebung ablenken						lässt sich sehr leicht ablenken
macht selten Flüchtigkeitsfehler						macht sehr häufig Flüchtigkeitsfehler

6. Motivation/ Belastbarkeit

– –   –   0   +   + +

Merkmale	Ausprägung					Merkmale
zeigt in Prüfungssituationen geringe Anzeichen von Nervosität						zeigt in Prüfungssituationen große Nervosität
reagiert selten mit körperlichen Beschwerden bei Überprüfungen						neigt zu starken körperlichen Beschwerden bei Überprüfungen
gibt nicht leicht auf						resigniert früh
traut sich etwas zu						traut sich wenig zu

Merkmale	--	-	0	+	++	Merkmale
fordert etwas von sich						ist eher antriebsarm
zeigt großes Interesse am Unterricht						zeigt wenig Interesse am Unterricht
hat Spaß an intellektuellen Aktivitäten						hat keinen Spaß an intellektuellen Aktivitäten
wirkt energisch, wach, eifrig						wirkt phlegmatisch, träge
liest aus eigenem Antrieb viel						liest wenig/gar nicht
ist an sehr vielen Dingen interessiert						interessiert sich für wenig/nichts
reagiert auf Impulse aufgeschlossen						zeigt sich Impulsen gegenüber abweisend
zeigt Initiative in der geistigen Arbeit						muss zur geistigen Arbeit angestoßen werden
zeigt große Frustrationstoleranz						zeigt keine Frustrationstoleranz

7. Sozialverhalten   -- - 0 + ++

Merkmale		Ausprägung			Merkmale
findet rasch Kontakt zu Mitschülern					findet schwer Kontakt, neigt zum Einzelgänger
verhält sich ausgeglichen und freundlich					ist unausgeglichen, reagiert bei kleinen Anlässen aggressiv
zeigt Bereitschaft, andere zu verstehen					lässt keine Bereitschaft erkennen, andere zu verstehen
nimmt in der Gruppe aktiv am Geschehen teil					verhält sich in der Gruppe still und zurückhaltend
kann sich auf die unterschiedlichen Personen seiner Umwelt gut einstellen					kann sich nur schwer auf andere Personen einstellen
verhält sich Lehrkräften gegenüber offen und kann auf sie zugehen					zeigt sich verschlossen und scheu
steht den Mitschülern aufgeschlossen gegenüber					zeigt sich gegenüber Mitschülern reserviert und ablehnend
setzt sich für die Klassengemeinschaft ein					stellt sich außerhalb der Klassengemeinschaft
hält Regeln und Vereinbarungen immer ein					hält Regeln und Vereinbarungen nicht ein
kann eigenes Verhalten besonders gut reflektieren					kann eigenes Verhalten nicht reflektieren

Elternbeobachtungsbogen

Liebe Eltern,

ein neues Schuljahr hat begonnen, das für Ihr Kind unter anderem auch einen kompletten Lehrerwechsel gebracht hat. Sie können dem neuen Lehrerteam und Ihrem Kind helfen und zu einer erfolgreichen Zusammenarbeit beitragen, indem Sie den beiliegenden Beobachtungsbogen bald ausfüllen und Ihrem Kind mit in die Schule geben (wenn Sie mögen, in einem verschlossenen Umschlag). Der Beobachtungsbogen ist Bestandteil unserer Eingangsdiagnose, die sich zum Ziel gesetzt hat, Ihr Kind möglichst optimal in seinem Lernerfolg zu unterstützen und zu fördern.

Selbstverständlich ist das Bearbeiten des Bogens völlig freiwillig, und Ihrem Kind erwachsen bei Nichtausfüllen keinerlei Nachteile.

Ihr(e) Klassenlehrer(in)

Erläuterung des Punktesystems:

–3 bedeutet: beherrscht unser Sohn/unsere Tochter überhaupt nicht

–2 bedeutet: beherrscht unser Sohn/unsere Tochter nur ansatzweise

–1 bedeutet: Grundwissen ist vorhanden, aber mehr nicht

1 bedeutet: beherrscht unser Sohn/unsere Tochter grundsätzlich, hat aber noch etliche Lücken

2 bedeutet: beherrscht unser Sohn/unsere Tochter schon gut, ist aber noch in einzelnen Punkten verbesserungsfähig

3 bedeutet: beherrscht unser Sohn/unsere Tochter vollständig und sicher

Der Name unseres Kindes ist _____ , er/sie ist _____ Jahre alt.

Stichwort „Sozialverhalten"

	−3	−2	−1	1	2	3
… hat viele Kontakte in der Nachbarschaft und der Klasse						
… hat keine Probleme im Umgang mit Erwachsenen						
… beherrscht die altersangemessenen Umgangs- und Höflichkeitsformen						
… spielt mit anderen, ohne dass sofort ein Streit ausbricht						
… ist in der Lage, Streitigkeiten zu schlichten und die Streitenden zu beruhigen						

Stichwort „Lern- und Arbeitsverhalten"	-3	-2	-1	1	2	3
… erledigt seine/ihre Hausaufgaben selbstständig und vollständig						
… arbeitet konzentriert, ohne sich stören zu lassen						
… arbeitet sorgfältig und sauber						
… übernimmt gerne Aufgaben im Haushalt						
… erledigt auch unbeliebte Aufgaben						
… ist sehr zuverlässig						

Stichwort „Belastbarkeit"

… ist gesundheitlich sehr stabil						
… hat keine Allergien oder ähnliche Probleme, die zu Fehlzeiten usw. führen können						
… ist körperlich belastbar und ausdauernd						
… verhält sich vor besonderen Ereignissen ruhig und nicht übernervös						

Stichwort „Auffassungsgabe"

… begreift neuen Lernstoff sehr schnell						
… ist in der Lage, Anweisungen für bestimmte Tätigkeiten oder Aufgaben sofort umzusetzen						
… kann z. B. Gebrauchsanweisungen für neue Geräte lesen und umsetzen						
… kann neu Gelerntes mit schon früher Gelerntem in Verbindung bringen						
… findet selbstständig Lösungen für alltägliche Probleme und Aufgaben						

Stichwort „Gedächtnis"

… erzählt zu Hause viel und ausführlich aus der Schule						
… kann z. B. Filme oder andere Fernsehsendungen des Vortages mühelos inhaltlich wiedergeben						
… lernt leicht auswendig (z. B. Gedichte oder Liedertexte)						
… kann sich gut Zahlen und Daten merken (z. B. Geburtstage, Telefonnummern, Geschichtszahlen)						
… kann Gelerntes auch nach längerer Zeit fehlerfrei wiedergeben						

7.4   Förderpläne

Fördermaßnahmen außerhalb des Regelunterrichts (Beispiel Klasse 6)

Schülerin/ Schüler	Maßnahme	Lehrerin/ Lehrer	Ort	Zeit
Lea Hanna	Kommunikationstraining		Lernwerkstatt I	Dienstag 08.00–08.45 Uhr
Marie Martina	Rechtschreibförderung		Bibliothek	Dienstag 08.00–08.45 Uhr
David Klara	Wahrnehmungstraining		Freizeitbereich	Dienstag 08.00–08.45 Uhr
Patrick Kevin	Das Lernen lernen		Bibliothek	Mittwoch 08.00–08.45 Uhr
Janine Thomas	Konzentrationstraining		Lernwerkstatt II	Mittwoch 08.45–09.30 Uhr
Martin Dennis	Rechtschreibförderung		Bibliothek	Mittwoch 08.45–09.30 Uhr
Chantal Jan	Lernen durch Bewegung		Freizeitbereich	Donnerstag 08.45–09.30 Uhr

Fördermaßnahmen außerhalb des Fachunterrichts (Beispiel Klassen 5 und 6)

Angebote im Schuljahr 2006/07, 2. Halbjahr für die Jahrgänge 5 und 6

Jahrgang: 5

Titel: Konzentrationstraining, Lernwerkstatt I
Lehrkraft:
Zeit:
Ort:

Titel: Lernen und Bewegung, Turnhalle
Lehrkraft:
Zeit:
Ort:

Titel: Kommunikationstraining, Freizeitbereich
Lehrkraft:
Zeit:
Ort:

Titel: Lese- und Rechtschreibförderung, Bibliothek
Lehrkraft:
Zeit:
Ort:

Jahrgang: 6

Titel: Das Lernen lernen, Bibliothek
Lehrkraft:
Zeit:
Ort:

Titel: Kommunikationstraining, Freizeitbereich
Lehrkraft:
Zeit:
Ort:

Titel: Lese- und Rechtschreibförderung, Bibliothek
Lehrkraft:
Zeit:
Ort:

Titel: Wahrnehmungstraining, Freizeitbereich
Lehrkraft:
Zeit:
Ort:

Förderplan für

Name: _____ Klasse: _____

A. Ausgangslage: Wie wird die Schülerin/der Schüler wahrgenommen?
(Lernverhalten, Sozialverhalten, Leistungsverhalten ...)

B. Bisherige Fördermaßnahmen

1. Bisherige Maßnahmen der inneren Differenzierung:
(besondere Lernpläne, individuelle Aufgaben ...)

2. Bisherige Maßnahmen der äußeren Differenzierung:
(Unterricht in Kleingruppen, Teilnahme an Crashkursen, Förderunterricht ...)

C. Geplante Fördermaßnahme

D. Zeitrahmen
Voraussichtliche Dauer der Fördermaßnahme:
Beteiligte Personen:

Protokoll des Abschlussgesprächs zur Fördermaßnahme

Name der Schülerin/des Schülers:

Klasse:

Protokollantin/Protokollant:

Teilnehmer/innen am Abschlussgespräch:

Bezeichnung der Fördermaßnahme:

1. Stellungnahme der Klassenleitung zur Fördermaßnahme:
(Ausgangspunkt: Förderplan der Schülerin/des Schülers)
Konnte hinsichtlich der beschriebenen Problemlage eine Veränderung im Unterricht festgestellt werden?

2. Stellungnahme der Lehrkraft, die die Fördermaßnahme durchgeführt hat:

3. Empfehlung für die weitere Arbeit:

4. In Bezug auf die Gesamtentwicklung der Schülerin/des Schülers war die Maßnahme:
a) erfolgreich
b) teilweise erfolgreich
c) nicht erfolgreich
Begründung:

5. Weitere Fördermaßnahmen:
a) gleiche Maßnahme
b) neue Maßnahme
c) keine weiteren Maßnahmen
Begründung:

6. Sonstiges
(z. B. Klassenwechsel, Beratungslehrer/in einschalten, außerschulische Maßnahmen ...)

Ort: Datum:

Unterschrift aller Beteiligten:

7.5 Lernvereinbarungen, Lernpläne und Arbeitsbündnisse

Lernvereinbarung 1

Lernvereinbarung

zwischen

_____ und _____

Mein Ziel:

Mein Einsatz:
Meine Bemühungen:
Meine Arbeit:

Unterstützung durch/von:

Mein Erfolg:

Die Lernvereinbarung wird überprüft:
Datum:
Ort:
Zeit:

Unterschriften:
Schüler/in: _____
Lehrer/in: _____
Unterstützung: _____

Lernvereinbarung 2

zwischen

_____ und _____

Ziel:
Was möchte ich erreichen?
Was nehme ich mir vor?

Handlungsschritte:
Was will ich tun?

Unterstützung:
Was und wer können mir dabei helfen?

Indikator:
Woran erkenne ich, dass ich mein Ziel erreicht habe?
Mit wie viel Prozent Erfolg rechne ich?

Terminierung:
Wann will ich dieses Ziel erreicht haben?

Die Lernvereinbarung wird überprüft:
Datum:
Ort:
Zeit:

Unterschriften: _____

Schüler/in: _____

Lehrer/in: _____

Unterstützung: _____

Lernvereinbarung (Beispiel 1)

zwischen

Anna   *Frau Müller*

_____ und _____

Ziel: Was möchte ich erreichen? Was nehme ich mir vor?
Ich werde mich in der nächsten Woche in allen Fächern regelmäßig beteiligen und mich ohne Aufforderung melden.

Handlungsschritte:
Was will ich tun?
Ich mache mir im Unterricht Notizen und erledige meine Hausaufgaben sorgfältig und vollständig, damit ich im Unterricht mitreden kann. Ich melde mich auch dann, wenn ich nicht ganz sicher bin, ob meine Antwort vollständig richtig ist. Ich warte nicht darauf, dass andere sich melden. Ich stelle Fragen zum Unterricht.

Unterstützung:
Was und wer können mir dabei helfen?
Meine Klassenlehrerin und die anderen Lehrer der Klasse werden mich unterstützen, indem sie mich auch dann drannehmen, wenn ich unsicher bin oder mich nicht melde. Diese Unterstützung wünsche ich mir von meiner Freundin. Ich bitte meine Freundin darum, mich während des Unterrichts zum Melden zu ermuntern, und werde das Gleiche auch mit ihr tun.

Indikator:
Woran erkenne ich, dass ich mein Ziel erreicht habe?
Ich frage meine Klassenlehrerin und die anderen Lehrer am Ende der Woche, ob sich meine mündlichen Leistungen verbessert haben. Bei der nächsten Besprechung der mündlichen Zensuren erhalte ich eine Rückmeldung in Form einer Beteiligungsnote.

Terminierung:
Wann will ich dieses Ziel erreicht haben?
1. Schritt: in der nächsten Woche
2. Schritt: im nächsten Monat

Die Lernvereinbarung wird überprüft:

Datum:

Ort:

Zeit:

Unterschriften: _____

Schüler/in: _____

Lehrer/in: _____

Unterstützung: _____

Lernvereinbarung (Beispiel 2)

Lernvereinbarung
zwischen
Jan   *Herrn Schmitt*
_____ und _____

Ziel: Was möchte ich erreichen? Was nehme ich mir vor?
Ich möchte sicherer und besser im Schreiben von Erörterungen werden.

Handlungsschritte:
Was will ich tun?
Ich arbeite zu Hause mit dem mir von meinem Lehrer gegebenen Übungsmaterial mindestens drei Mal pro Woche eine halbe Stunde.
Ich lese in unserer Tageszeitung dreimal pro Woche einen Leserbrief und versuche, eine Gegenmeinung zu formulieren.
Ich lasse mir jeden Sonntag von meinem Eltern die Sendung „Sabine Christiansen" aufzeichnen. Ich schaue mir die Sendung (wenn es geht, mit meiner Mutter oder meinem Vater zusammen) an und versuche, die Argumentation der Teilnehmer nachzuvollziehen.
Unterstützung:
Was und wer können mir dabei helfen?
Mein Lehrer, der mir Übungsmaterial zur Verfügung stellt.
Meine Eltern, die mir mit Rat und Tat zur Seite stehen und mich anfeuern.
Indikator:
Woran erkenne ich, dass ich mein Ziel erreicht habe?
Mit wie viel Prozent Erfolg rechne ich?
Ich führe eine Strichliste über die Anzahl meiner Aktivitäten.
Ich möchte die nächste Klassenarbeit zur freien Erörterung mit einer möglichst guten Note wiederbekommen.
Terminierung:
Wann will ich dieses Ziel erreicht haben?
1. Schritt: Die nächste Klassenarbeit ist in vier Wochen.
2. Schritt: Ich möchte am Ende dieses Schuljahres konstant besser in diesem Bereich geworden sein.

Die Lernvereinbarung wird überprüft:
Datum: Ort:
Zeit:

Unterschriften: _____

Schüler/in: _____

Lehrer/in: _____

Unterstützung: _____

Selbstkontrolle der Lernvereinbarung

Name: _____

Inhalt der Lernvereinbarung: _____

Trage bitte für jeden Tag, an dem du deiner eigenen Ansicht nach dein Lernsoll erfüllt hast, ein „Plus" in den Kalender ein:

Monat: _____

Jahr: _____

1.			17.	
2.			18.	
3.			19.	
4.			20.	
5.			21.	
6.			22.	
7.			23.	
8.			24.	
9.			25.	
10.			26.	
11.			27.	
12.			28.	
13.			29.	
14.			30.	
15.			31.	
16.				

Lernplan 1

Name: _____ Datum: _____

Bereich
1. fachlich/inhaltlich ○
2. methodisch/strategisch ○
3. sozial/kommunikativ ○
4. motivational/emotional ○
5. entwicklungsspezifisch ○

Fähigkeiten und Stärken

Probleme und Schwierigkeiten

Maßnahmen

Arbeitsplan

Auswertung

Lernplan 2

Vorschläge für außerschulische Maßnahmen

Name: _____

Klasse: _____   Geburtsdatum: _____

Zeitraum: _____

Maßnahme	Bereich	Verant-wortung	Ziel	Erfolgs-kontrolle
Besuch und Hilfe durch die Sozialpädagogin der Schule				
Gespräch und Unter-stützung durch den Schulpsychologen				
Hilfe und Unterstützung durch die Eltern				
Nachhilfeunterricht				
Betreuung durch das Jugendamt				
Einbeziehung weiterer Bildungseinrichtungen				
Besuch eines Facharztes				
Weitere Unterstützung				

Unterschriften:

Schüler/in: _____

Lehrer/in: _____

Eltern: _____

Lernplan 3

Name: _____ Datum: _____

Zeitraum: _____

Perspektive: _____

Unterrichtliche Maßnahmen: _____

Innerschulische Maßnahmen: _____

Außerschulische Maßnahmen: _____

Bereich
1. fachlich/inhaltlich   ○
2. methodisch/strategisch   ○
3. sozial/kommunikativ   ○
4. motivational/emotional   ○
5. entwicklungsspezifisch   ○

Maßnahme	Ziele	Meilensteine	Verant-wortliche Personen	Erfolgs-kontrolle	Dokumen-tation

Nächste Schritte: _____

Nächste Ziele: _____

Unterschriften der Beteiligten: _____

Arbeitsbündnis

zwischen der Klasse _____ und dem Klassenlehrer _____

Der Klassenlehrer erwartet von der Klasse:	Die Klasse erwartet von dem Klassenlehrer:
• Pünktliches Erscheinen (alle befinden sich beim zweiten Klingeln vor der Klassentür) • Während des Unterrichts wird weder gegessen noch getrunken noch Kaugummi gekaut – dafür sind die Pausen da! • Mützen wie Baseballkappen oder Strickmützen sind gegen Regen oder/und Kälte und werden daher nicht im Klassenraum getragen. • Der Umgangston untereinander und mit den Lehrern ist freundlich und frei von jeglicher Form des „Mobbings". • Privatgespräche und andere den Unterricht störende Nebentätigkeiten sollten auf das absolut notwendige Minimum eingeschränkt werden. • Jeder setzt sich mit dem Unterrichtsstoff auch zu Hause gründlich auseinander, alle Hausaufgaben (auch mündliche!) werden vollständig und sorgfältig erledigt. • Die Anfertigung von Unterrichtsmitschriften und die Führung eines Unterrichtsbegleitheftes gehören zu den Pflichten des Schülers und werden durch den Lehrer entsprechend kontrolliert und benotet. • Anfallende Aufgaben (Referate, Protokolle, Vorträge) werden pünktlich und zuverlässig erledigt. • Klausuren werden intensiv vor- und nachbereitet.	

Literaturhinweise

ALTRICHTER, HERBERT/POSCH, PETER: Lehrer erforschen ihren Unterricht. Bad Heilbrunn 3. Auflage 1996

BARTH, G. (Hrsg.): Denkpause. Ein Arbeitsbuch für Lehrer im Umgang mit Schülern beim Lehren und Lernen. Hohengehren 2003

BOHL, THORSTEN: Prüfen und Bewerten im offenen Unterricht. Neuwied 2001

BRUNNER, ILSE/ROTTENSTEINER, ERIKA: Eine Entdeckungsreise ins Reich der multiplen Intelligenzen, Hohengehren 2002

BUZAN, TONI/NORTH, VANDA: Mindmapping. Der Weg zu Ihrem persönlichen Erfolg. Wien 1997

CZERWANSKI, ANETTE/SOLZBACHER, CLAUDIA/VOLLSTÄDT, WITLOF (Hrsg.): Förderung von Lernkompetenz in der Schule, Gütersloh 2002

CZERWANSKI, ANETTE/SOLZBACHER, CLAUDIA (Hrsg.): Förderung von Lernkompetenz in der Schule 2. Auflage Gütersloh 2004

DEUTSCHES PISA-KONSORTIUM (Hrsg.): PISA 2000 – Basiskompetenzen von Schülerinnen und Schülern im internationalen Vergleich. Opladen 2001

DEUTSCHES PISA-KONSORTIUM (Hrsg.): PISA 2000 – Die Länder der Bundesrepublik Deutschland im Vergleich. Opladen 2002

EGGERT, DIETRICH: Von den Stärken ausgehen. Individuelle Entwicklungspläne in der Lernförderdiagnostik. Dortmund 1997

GARDNER, HOWARD: Abschied vom IQ. Die Rahmen-Theorie der vielfachen Intelligenzen, 2. Auflage Stuttgart 1998

GARDNER, HOWARD: Intelligenzen. Die Vielfalt des menschlichen Geistes. Stuttgart 2002

GRABBE, BEATE: Was macht die Diagnostik pädagogisch? In: Hamburg macht Schule, Heft 3/2004

GRABBE, BEATE: Dennis: „Ich bin der Schulschreck!" – Wie die pädagogische Arbeit die Unterrichtsqualität verbessert. Donauwörth 2003

GRAUMANN, OLGA: Gemeinsamer Unterricht in heterogenen Gruppen. Bad Heilbrunn 2002

VON DER GROEBEN, ANNETTE (Hrsg.): Diagnostische Kompetenz. Themenheft der Zeitschrift Pädagogik, Heft 4/2003. Weinheim und Basel

VON DER GROEBEN, ANNETTE: Verstehen lernen. Diagnostik als didaktische Herausforderung. In: Pädagogik, 4/2003, S. 6 – 9. Weinheim und Basel

HAGEMEISTER, VOLKER: Irrwege und Wege zur Testkultur. Kann die „empirische Wende" zur Qualitätssicherung beitragen? www.ggg-hessen.de/download/testkultur.pdf

HAMBURGER LAU-STUDIE:
http://www.hamburger-bildungsserver.de/hais/lau_f.htm

HEIMANN, PAUL/OTTO, GUNTHER/SCHULZ, WOLFGANG: Unterricht – Analyse und Planung. Hannover 1965

HELMKE, ANDREAS: Unterrichtsqualität – erfassen, bewerten, verbessern. Seelze 2003

HELMKE, ANDREAS/WEINERT, FRANZ: Unterrichtsqualität und Leistungsentwicklung: Ergebnisse aus dem Scholastik-Projekt. In: Helmke/Weinert, Entwicklung im Grundschulalter. Weinheim 1997a

HELMKE, ANDREAS/WEINERT, FRANZ: Bedingungsfaktoren schulischer Leistungen. In: Weinert (Hrsg.), Psychologie des Unterrichts und der Schule. Weinheim 1997b

IGLU – Internationale Grundschul-Lese-Untersuchung, hrsg. vom Bundesministerium für Bildung und Forschung. Berlin 2001

INGENKAMP, KARLHEINZ: Diagnostik in der Schule. Beiträge zu Schlüsselfragen der Schülerbeurteilung. Weinheim, Basel 1989

JANK, WERNER/MEYER, HILBERT: Didaktische Modelle. Frankfurt am Main 1991

JOURNAL FÜR LEHRERINNENBILDUNG, 2/2003: Diagnostizieren in der Schule

KARG-STIFTUNG (Hrsg.): Impulsschulen. Ein Projekt der Karg-Stiftung für Hochbegabtenförderung. Idstein 2004

KIPER, HANNA: Was sollen Schülerinnen und Schüler lernen? Zur Angabe von gestuften Kompetenzen. In: Kiper, Hanna u.a.: Qualitätsentwicklung in Unterricht und Schule. Das Oldenburger Konzept, 2. Auflage, S. 29 – 72. Oldenburg 2004

KIPER, HANNA/MISCHKE, WOLFGANG: Einführung in die Theorie des Unterrichts. Weinheim, Basel 2006

KLAFKI, WOLFGANG: Didaktische Analyse als Kern der Unterrichtsvorbereitung, in: Die Deutsche Schule 50. Jg., Heft 10, 1958

KLEBER, EDUARD: Diagnostik in pädagogischen Handlungsfeldern. Weinheim, München 1992

KLIEME, ECKHARD u.a.: Zur Entwicklung nationaler Bildungsstandards, hrsg. vom Bundesministerium für Bildung und Forschung. Berlin 2003

KRETSCHMANN, RUDOLF: Pädagogische Diagnosen als Basis für Lehrerhandeln. Bremen 2004

KULTUSMINISTERIUM BADEN-WÜRTTEMBERG (Hrsg.): Grundschule – Der Übergang von der Grundschule auf die weiterführenden Schulen. Stuttgart 2000

KULTUSMINISTERKONFERENZ (Hrsg.), Bildungsstandards im Fach Deutsch für den mittleren Schulabschluss, 2003 a

KULTUSMINISTERKONFERENZ (Hrsg.), Bildungsstandards für die erste Fremdsprache (Englisch / Französisch) für den mittleren Schulabschluss, 2003 b

KULTUSMINISTERKONFERENZ (Hrsg.), Bildungsstandards im Fach Mathematik für den mittleren Schulabschluss, 2003 c

LIEDTKE-SCHÖBEL, MARGRIT: KOMPRO LERNEN – Das eigene Lernen entwickeln, Arbeitshilfe für die Lehrerfortbildung. Hamburg 2006

LIES, F./WERNING, ROLF: Beobachten und fördern. In: Lernchancen 16/2000, S.2–9, Seelze 2000

MAY, PETER: Diagnose orthographischer Kompetenz. Zur Erfassung der grundlegenden Rechtschreibstrategien mit der Hamburger Schreib-Probe. Unter Mitarbeit von Ulrich Vieluf und Volkmar Malitzky. Hamburg 4. Auflage 1998

MAY, PETER: Lernförderlicher Unterricht. Teil I. Wirksamkeit von Unterricht und Förderunterricht für den schriftsprachlichen Lernerfolg. Frankfurt a.m. 2001

MEYER, HILBERT: Was ist guter Unterricht? Berlin 2004

MISCHKE, WOLFGANG: Fehleranalyse, Diagnostik und Förderplanung, in: Kiper, Hanna u.a., Qualitätsentwicklung in Unterricht und Schule. Das Oldenburger Konzept, 2. Auflage, S.175–210. Oldenburg 2004

MÖNNINGHOF, JOSEF: Das Bewusstsein des Lehrers. Karlsruhe 1992

NIEDERSÄCHSISCHES KULTUSMINISTERIUM (Hrsg.): Curriculare Vorgaben für das Gymnasium Schuljahrgänge 5/6 Deutsch. Hannover 2004

NIEDERSÄCHSISCHES KULTUSMINISTERIUM (Hrsg.): Vorläufige Handreichungen zur Dokumentation der individuellen Lernentwicklung. Hannover 2005

MUTZECK, WOLFGANG/JOGSCHIES, PETER: Neue Entwicklungen in der Förderdiagnostik. Grundlagen und praktische Umsetzungen, Weinheim und Basel 2004

PARADIES, LIANE/LINSER, HANS JÜRGEN: Differenzieren im Unterricht. Berlin 2001

PARADIES, LIANE/WESTER, FRANZ/GREVING, JOHANNES: Leistungsmessung und -bewertung. Berlin 2005

PRENGEL, ANNEDORE: Pädagogik der Vielfalt. Opladen 1993

SACHER, WERNER: Leistungen entwickeln, überprüfen und beurteilen. Bad Heilbronn 3. Auflage 2001

REALSCHULE ENGER: Lernkompetenz Bd. 1–6, Berlin 2001 ff.

SCHOPENHAUER, ARTHUR: Parerga und Paralipomena II/2. Zürich 1977

SCHRADER, FRIEDRICH/HELMKE, ANDREAS: Alltägliche Leistungsbeurteilung durch Lehrer. In: dies., Diagnostische Kompetenz von Lehrern: Komponenten und Wirkungen, in: Empirische Pädagogik, Jg. 1, Heft 1/1987, S. 27–52, Landau 1987

STERN, ELSBETH: Schubladendenken, Intelligenz und Lerntypen, in: Friedrich Jahresheft 2004, S. 36–39, Seelze 2004

WEIGERT, HILDEGUND/WEIGERT, EDGAR: Schülerbeobachtung. Ein pädagogischer Auftrag. Weinheim/Basel 1996

WEINERT, FRANZ (Hrsg.): Leistungsmessungen in Schulen. Weinheim 2001

WEINERT, FRANZ/SCHRADER, FRIEDRICH: Diagnose des Lehrers als Diagnostiker, in: Petillon u. a. (Hrsg.), Schülergerechte Diagnose, Weinheim/Basel 1986

WEIS, RUDOLF: Aufgaben der Zensuren und Zeugnisse, in: Ingenkamp, Karlheinz (Hrsg.), Die Fragwürdigkeit der Zensurengebung, Weinheim 1971

WILD, KLAUS-PETER/KNAPP, ANDREAS: Pädagogisch-psychologische Diagnostik, in: Krapp/Weidenmann (Hrsg.), Pädagogische Psychologie, 4. Auflage Weinheim 2001

WINTER, FELIX/VON DER GROEBEN, ANNETTE/LENZEN, KLAUS-DIETER: Leistung sehen, fördern, werten. Bad Heilbrunn 2002

ZIEHE, THOMAS/STUBENRAUCH, HERBERT: Plädoyer für ein ungewöhnliches Lernen. Ideen zur Jugendsituation, Reinbek 1982

Register